Spielend Deutsch lernen

Interaktive Arbeitsblätter für Anfänger und Fortgeschrittene

Juana Sánchez Benito, Carlos Sanz Oberberger, Michael Dreke

LANGENSCHEIDT

BERLIN · MÜNCHEN · WIEN · ZÜRICH · NEW YORK

Illustrationen und Umschlaggestaltung: Carlos Sanz Oberberger

Redaktion: Mechthild Gerdes, Sabine Wenkums

Spielend Deutsch lernen berücksichtigt die Änderungen,
die sich aus der Rechtschreibreform von 1996 ergeben.

Umwelthinweis: gedruckt auf chlorfrei gebleichtem Papier

Druck:	5.	4.	3.		Letzte Zahlen
Jahr:	2001	2000	99	98	maßgeblich

© 1997 Langenscheldt KG, Berlin und München

Druck: Druckhaus Langenscheidt, Berlin
Printed in Germany – ISBN 3-468-49988-4

Für Robin

Inhaltsverzeichnis

Vorwort

„Spielend Deutsch lernen" ist ein Angebot an Lehrer und Lehrerinnen, ihren Unterricht um ein kommunikatives Element zu ergänzen. Möchte man seinen Deutschunterricht so gestalten, dass die Lernenden die Hauptakteure sind, und dabei über Partnerübungen hinausgehen, so bietet „Spielend Deutsch lernen" mit 30 Spielen für Gruppen ab 3 Personen dafür ein umfangreiches Materialangebot.

„Spielend Deutsch lernen" richtet sich an Jugendliche und Erwachsene im Anfänger- und Fortgeschrittenenunterricht, die im In- und Ausland Deutsch als Fremdsprache lernen.

Alle Spiele haben gemeinsam, dass sie authentische Situationen im Unterricht simulieren. Charakteristisch für authentische Situationen ist, dass die Sprecher nicht wissen, was ihre Gesprächspartner als Nächstes sagen oder fragen werden, und die Gesprächspartner wiederum nicht wissen, wie Erstere darauf reagieren werden. Alle Mitspieler haben derartige authentische „Informationslücken", um die sich alle Spiele drehen.

Die 30 Spiele von „Spielend Deutsch lernen" lassen sich in folgende Spieltypen aufteilen:
- Spiele nach dem Konzept klassischer Gesellschaftsspiele (z. B. Memory – *Pass auf*, Quartett – *Bekleidungs-Quartett*, Würfelspiel – *Lukas*);
- Spiele, die authentische Sachinformationen vermitteln (z. B. *Wettervorhersage, Touristen in Hamburg, Biographie*);
- Spiele, die beendet sind, wenn eine bestimmte Aufgabe gelöst ist (z. B. *Stars einkleiden, Wegbeschreibungen, Fluss-überquerung*);
- Rollenspiele mit offenem Ende (z. B. *Wohnungssuche, Wer darf zuerst ins Badezimmer?, Im Flugzeug*);
- Spiele, deren Ergebnis ein zusammenhängend geschriebener Text sein soll (z. B. *Leute von heute, Liebe macht blind, Märchensalat*).

„Spielend Deutsch lernen" begleitet und unterstützt die Arbeit mit jedem kurstragenden Lehrwerk in der Transfer-Phase. Das heißt, die jeweiligen sprachlichen Voraussetzungen zur erfolgreichen Bewältigung der Spiele müssen vorher im Unterricht geschaffen worden sein, sie können nicht während des Spiels erworben werden.

„Spielend Deutsch lernen" besteht aus zwei Teilen: Der erste Teil (S. 11 ff.), der für die Hand des Lehrers / der Lehrerin gedacht ist, enthält Beschreibungen und Erklärungen zu den Spielen. Zu Beginn werden kurze Informationen zu Sprechintentionen, Fertigkeiten, Grammatik/Wortschatz, Teilnehmerzahl, ungefährer Spieldauer und dem für das Spiel benötigten Material gegeben. In einem Kasten folgen Redemittel, die den Lernenden vor Beginn des Spiels zur Verfügung gestellt werden (Tafelanschrieb) oder schon geläufig sein sollten. Unter den Redemittelkästen finden Sie Spielvorschläge zum Verlauf der Spiele. Der zweite Teil (S. 39 ff.) enthält alle Materialien, die für die Spiele benötigt werden, als Kopiervorlagen.

Der Reihenfolge der Spiele liegt der Gedanke der sprachlichen Progression zugrunde.

Die folgende Übersicht über die Spiele bietet Orientierung über Sprechintentionen, Fertigkeiten, Themen, Grammatik und Wortschatz. Die Spiele sind zum Einüben von Redewendungen, die zu bestimmten Sprechintentionen gehören, ebenso geeignet wie für die Anwendung von grammatischen Strukturen.

„Spielend Deutsch lernen" kann von den Lehrern/Lehrerinnen in vielen Fällen praktisch ohne Vorbereitung im Unterricht eingesetzt werden und bietet den Lernenden Spaß, Abwechslung und die Möglichkeit, miteinander ins Gespräch zu kommen.

Für die sachkundige Vorarbeit und Unterstützung bei der Erarbeitung der Spiele möchte ich an dieser Stelle Ilonka Kunow und Jana Dammann ganz herzlich danken.

Michael Dreke

Spiele	Sprechintentionen	Fertigkeiten	Themen	Grammatik / Wortschatz	Dauer
1 Pass auf!	Sich in Spielsituationen ausdrücken	Sprechen	Kleidung / Lebensmittel	Kleidungsstücke, Lebensmittel	15 Min.
2 Erste Kontakte	Über Namen, Herkunft, Wohnort und Beruf sprechen	Sprechen, hören, schreiben	Länder und Städte in Europa / Berufe	Verben *sein, heißen, kommen aus, wohnen in, machen, arbeiten* / Ländernamen, Städtenamen, Berufe	20 Min.
3 Leute von heute	Über Charakter, Vorlieben und (Freizeit-)Tätigkeiten anderer Leute sprechen	Schreiben, sprechen, hören	Steckbriefe	Adverbien (Intensität, Häufigkeit) / Charaktereigenschaften, Berufe, Freizeitaktivitäten	20 Min.
4 Berufe-raten	Über Arbeitsbedingungen in verschiedenen Berufen sprechen	Sprechen, hören	Berufe	Berufliche Tätigkeiten, Arbeitsbedingungen	15 – 20 Min.
5 Mitbewohner gesucht!	Eine Wohnung und ihre Einrichtung beschreiben	Sprechen, hören	Wohnen	Adjektive, Ortspräpositionen, Dativ, Genitiv, Possessivpronomen	15 – 20 Min.
6 Monsterspiel	Genaue Beschreibung (von Monstern)	Sprechen, hören	Monster	Präpositionen mit Dativ und Genitiv / Körperteile	15 – 20 Min.
7 Bekleidungs-quartett	Kleidungsstücke nach Farbe und Muster beschreiben	Sprechen, hören	Kleidung	Adjektivdeklination (Akkusativ und Dativ) mit bestimmtem und unbestimmtem Artikel / Kleidungsstücke, Farben, Muster	10 – 15 Min.
8 Stars ein-kleiden	Verkaufsgespräche führen, Preise erfragen und nennen	Sprechen, hören, schreiben	Kleidung	Adjektive, Demonstrativpronomen / Kleidungsstücke, Zahlen, Stoffe	30 Min.
9 Angeber-spiel	Menschen, Tiere und Gegenstände miteinander vergleichen	Sprechen, hören		Prädikative und attributive Steigerung der Adjektive (Komparativ und Superlativ), Possessivpronomen	20 Min.
10 Wegbeschrei-bungen	Nach dem Weg fragen, den Weg beschreiben	Sprechen, hören	Orientierung in der Stadt	Niedrige Ordinalzahlen, Richtungsangaben / Örtlichkeiten von öffentlichem Interesse, Straßenbezeichnungen, Wegbeschreibungen	15 Min.
11 Schatzinsel	Wegbeschreibungen im freien Gelände geben	Sprechen, hören	Orientierung im freien Gelände	Präpositionen / Geographische und topografische Geländebezeichnungen, Richtungsangaben, Himmelsrichtungen, Wegbeschreibungen	20 – 25 Min.

Spiele	Sprechintentionen	Fertigkeiten	Themen	Grammatik / Wortschatz	Dauer
12 Flussüberquerung	Zeitliche Abläufe diskutieren	Sprechen, hören	Denksport	Zeitliche Verknüpfungselemente, Akkusativ, Dativ	10 Min.
13 Rumpelkammer	Interesse an Sachen ausdrücken, Sachen zwischen mehreren Personen aufteilen	Lesen, hören, sprechen	Krimskrams	Bestimmter Artikel als Demonstrativpronomen (Nominativ und Akkusativ), Personalpronomen im Dativ und Akkusativ	20 Min.
14 Nachbarn	Personen unterscheiden, genauere Angaben zu einzelnen Personen machen	Sprechen, hören	Nachbarn	Relativpronomen in allen Kasus / Wohnungslagen in einem Mehrfamilienhaus, Ordinalzahlen von 1–4	10–15 Min.
15 Domino	Zusammenhänge begründen, argumentieren	Sprechen, hören		Kausalsätze	20 Min.
16 Wettervorhersage	Über das Wetter sprechen, geographische Angaben machen	Sprechen, hören	Wetter, Geographie	Futur, Genitiv mit bestimmtem Artikel / Himmelsrichtungen, Witterungsbezeichnungen	15 Min.
17 Lukas, der Frosch – Würfelspiel	Sich in Spielsituationen ausdrücken	Sprechen, hören, schreiben, lesen		Verbformen der starken und unregelmäßigen Verben (Präsens, Perfekt und Imperfekt)	15–25 Min.
18 Wohnungssuche	Wünsche und Ansprüche in Bezug auf Wohnraum ausdrücken	Sprechen, hören	Wohnungssuche	Konjunktiv II / Wortfeld „Wohnen"	20–30 Min.
19 Freizeitplanung	Sich verabreden	Lesen, schreiben, sprechen, hören	Freizeit	Konjunktiv II / Freizeitaktivitäten, Uhrzeiten, Tageszeiten, Wochentage	20 Min.
20 Was fehlt Ihnen denn?	Schmerzen benennen, um Rat fragen, Ratschläge geben, Medikamente und Maßnahmen verordnen	Sprechen, lesen, hören	Gesundheit	Wortfelder „Arzt" und „Krankheiten"	20 Min.
21 Wer darf zuerst ins Badezimmer?	Eigene Interessen vertreten, sich Gehör verschaffen, mit anderen nach Lösungen für ein Problem suchen	Sprechen, hören	Morgendliche Stresssituation	Typische Sachverhalte aus Schule, Beruf und Alltagssituationen	10–15 Min.
22 Telefonspiel	Telefonnummern nennen, Telefongespräche führen, sich beschweren, Konfliktsituationen lösen	Sprechen, hören	Beschwerden	Konjunktiv II / Wortfeld „Telefonieren"	20–30 Min.

Spiele	Sprechintentionen	Fertigkeiten	Themen	Grammatik / Wortschatz	Dauer
23 Familienessen	Personen identifizieren nach: Äußerem, Verwandtschaftsbeziehungen und örtlichen Angaben; über Umstände, Gespräche und Handlungen in der Vergangenheit sprechen	Lesen, sprechen, hören, schreiben	Familie	Ortspräpositionen, Imperfekt, Perfekt, Indirekte Rede / Äußeres von Personen, Verwandtschaftsbeziehungen	20 Min.
24 Soll in der Schule geküsst werden?	Diskutieren, jemanden überzeugen	Sprechen, hören	Schule	Formulierungen zur Meinungsäußerung	10 – 15 Min.
25 Liebe macht blind	Persönliche Erlebnisse erzählen, Gemeinsamkeiten und Unterschiede zwischen Menschen beschreiben, Gefühle ausdrücken, über Pläne sprechen	Sprechen, hören, schreiben	Liebe / Partnerschaft	Perfekt, Imperfekt, Futur, Komparativ / Charaktereigenschaften	30 – 45 Min.
26 Im Mädchenwohnheim	Sich in unerwarteten Situationen behaupten	Sprechen, hören	Konflikte	Fragen, Protestieren, Bekräftigen	10 – 15 Min.
27 Touristen in Hamburg	Informationen erfragen und geben: Preise, Fahr- und Flugpläne, Öffnungszeiten, Leistungen; Entscheidungen treffen	Lesen, sprechen, hören, schreiben	Tourismus	Wortfeld „Ferien / Urlaub": Unterkunft, Transportmittel, Veranstaltungen, Freizeitunternehmungen	30 – 45 Min.
28 Im Flugzeug	Konversation führen über Privatleben, Berufsleben und Urlaub; bestimmten Gesprächsthemen ausweichen	Sprechen, hören	Flugreise	Wortfelder „Familie", „Beruf", „Urlaub"	10 – 15 Min.
29 Biographie	Ereignisse in der Vergangenheit erzählen	Lesen, sprechen, hören, schreiben	Marlene Dietrichs Biographie	Imperfekt	30 – 45 Min.
30 Märchensalat	Vergangene Geschichten und Märchen erzählen	Sprechen, schreiben, hören, lesen	Märchen	Imperfekt / Wortfeld „Märchen"	30 – 45 Min.

Didaktische Erläuterungen
zu den Spielen

1 Pass auf! Kleidungsstücke und Lebensmittel

Sprechintentionen: Sich in Spielsituationen ausdrücken.
Fertigkeiten: Sprechen in Spielsituationen.
Wortschatz: Wiederholung von Kleidungsstücken und Lebensmitteln.
Teilnehmerzahl: Gruppen zu 3 oder 4 Personen.
Ungefähre Spieldauer: 15 Minuten.
Material: Pro Gruppe je eine Fotokopie der Zeichnungen und Wörter, die bereits in Spielkarten zerschnitten sind. Es ist ratsam, die Kopien auf Pappe oder dickes Papier aufzukleben, damit die Zeichnungen nicht durchscheinen, wenn die Spielkarten mit der Zeichnung/Beschriftung nach unten liegen.

Redemittel: Bin ich dran?
Nein, ich bin dran.
Ja / Nein, du bist dran / Sie sind dran.
Wer ist jetzt dran?
Ich glaube, er/sie ist dran.
Ich glaube, der/die/das ... liegt/liegen hier.
Der/Die/Das ... war/waren doch hier.

Spielvorschlag

Der Lehrer / Die Lehrerin entscheidet sich entweder für einen der Wortschatzbereiche „Kleidungsstücke" oder „Lebensmittel", oder er/sie vermischt beide Bereiche, um das Spiel etwas schwieriger zu gestalten. Der Kurs wird in Gruppen unterteilt, und die Spielkarten werden an die Gruppen ausgegeben. Für eine erste Wortschatzauffrischung können die Spielkarten in zwei parallelen Reihen hingelegt werden: eine Reihe mit den Bildern, die andere mit den entsprechenden Bezeichnungen. Die Lernenden können sich nun noch einmal drei bis vier Minuten mit dem Wortschatz vertraut machen. Anschließend werden die Spielkarten umgedreht und miteinander vermischt. Der Spielablauf ist derselbe wie beim bekannten „Memory": In vorher festgelegter Reihenfolge darf jeder Spieler zwei Karten umdrehen mit dem Ziel, Paare zu finden, die aus einem Bild und dem dazugehörigen Wort bestehen. Jedesmal wenn dies in einem Versuch gelingt, darf der Spieler dieses Paar behalten und kann noch mal zwei Karten umdrehen. Gelingt es ihm nicht, muss er beide Karten wieder umdrehen und dort liegen lassen. Es geht darum, aufmerksam zu sein und sich zu merken, wo die Karten liegen, die ein Paar bilden. Das Spiel ist zu Ende, wenn keine Karten mehr auf dem Tisch liegen, und gewonnen hat, wer die meisten Paare sammeln konnte.

---

2 Erste Kontakte

Sprechintentionen: Über Namen, Herkunft, Wohnort und Beruf sprechen.
Fertigkeiten: Sprechen, hören, schreiben.
Wortschatz: Ländernamen, Städtenamen, Berufe.
Teilnehmerzahl: Gruppen bis zu 16 Personen.
Ungefähre Spieldauer: 20 Minuten.
Material: 16 fotokopierte und zerschnittene Karten mit Personenangaben, ein Übersichtsblatt zum Eintragen der fehlenden Informationen.

Redemittel: Guten Tag, mein Name ist ... .
Angenehm, ich heiße ... .
Ich komme aus ... . Und du/Sie?
Ich wohne in ... . Und du/Sie?
Was machst du / machen Sie beruflich?
Ich bin ... / Ich arbeite in/bei/als ... .

Spielvorschlag

Der Kurs wird in Gruppen bis zu 16 Personen unterteilt. Jeder erhält eine Karte mit Angaben über eine Person, deren Rolle er zu spielen hat, und ein Übersichtsblatt, auf dem nur die Nachnamen der 16 Personen eingetragen sind. Die Lernenden bewegen sich nun frei im Raum und stellen sich einander vor. Jeder trägt auf seinem Übersichtsblatt die fehlenden Informationen über Vornamen, Herkunftsland, Wohnort und Beruf ein. Das Spiel ist beendet, wenn alle ihre Übersichtsblätter ausgefüllt haben. Der im Kursraum entstehende Gesprächslärm ist typisch für authentische Sprechsituationen dieser Art (Mensa, Foyers in Konferenzpausen, Partys, etc.) und sollte deshalb nicht gedämpft werden. Wer seinem Kurs diesen Lärmpegel dennoch nicht zumuten will, kann das Spiel bei bis zu 16 Personen auch folgendermaßen durchführen: Es stellen sich jeweils nur zwei Personen gleichzeitig einander vor (z. B. reihum), alle anderen hören aufmerksam zu und notieren mit. Die Spieldauer verkürzt sich auf diese Weise natürlich.

3 Leute von heute

Sprechintentionen: Über Charakter, Vorlieben und (Freizeit-)Tätigkeiten anderer Leute sprechen.
Fertigkeiten: Schreiben, sprechen, hören.
Grammatik/Wortschatz: Adverbien (Intensität, Häufigkeit); Berufe, (Freizeit-)Tätigkeiten, Charaktereigenschaften.
Teilnehmerzahl: Gruppen zu 3 Personen.
Ungefähre Spieldauer: 20 Minuten.
Material: Pro Gruppe je eine Kopie der ganzen Seite mit den 25 Personen für den Spielvorschlag A. Eine Folie mit der Kopie der ganzen Seite für den Tageslichtprojektor, sowie in Einzelpersonen zerschnittene Karten für den Spielvorschlag B.

Redemittel: (Person) ... ist ein bisschen / etwas / ziemlich / sehr ... *(Charakteradjektiv).*
   ... ist ... *(Beruf).*
   .... arbeitet als ... *(Beruf).*
   ... liebt es, zu ... *(Tätigkeit).*
   ... hasst es, zu ... *(Tätigkeit).*
   ... *(Freizeit-)Tätigkeit* nie/selten/manchmal/oft/immer.

Spielvorschlag A

Der Kurs wird in Gruppen zu 3 Personen aufgeteilt. Jede Gruppe erhält eine Fotokopie mit allen 25 Personen, sucht sich eine Person aus und gibt ihr einen Namen. Nun schreibt jede Gruppe in 5 Minuten einen kurzen Text mit Steckbriefcharakter über die ausgewählte Person, in dem sie möglichst phantasievoll über Charakter, Vorlieben und Tätigkeiten der Person berichtet. Es geht nicht darum, das Äußere der Person zu beschreiben! Nach Ablauf der 5 Minuten liest jede Gruppe ihren Steckbrief den anderen Kursteilnehmern vor, die erraten müssen, um wen auf der Kopie es sich handelt.

Spielvorschlag B

Die Kopie ist in einzelne Personen zerschnitten, und der Lehrer / die Lehrerin ordnet jeder Gruppe eine zu beschreibende Person zu. Hat jede Gruppe eine andere Person erhalten, so sollte zum Vorlesen der Steckbriefe und zum Erraten der Personen eine Folie mit der Kopie aller Personen mit dem Tageslichtprojektor an die Wand projiziert werden. Dies erübrigt sich natürlich, wenn alle Gruppen dieselbe Person beschrieben haben und die Lernenden nach dem Vorlesen erörtern, welche Gruppe die Person am besten getroffen hat.

Die angegebenen Redemittel sind als Ausdrucksgeländer für relative Sprachanfänger gedacht, Fortgeschrittene dürfen diesen Rahmen gerne sprengen. Auch mit dem zeitlichen Rahmen sollte je nach Lernstadium des Kurses flexibel umgegangen werden.

4 Berufe raten

Sprechintentionen: Über Arbeitsbedingungen in verschiedenen Berufen sprechen.
Fertigkeiten: Sprechen, hören.
Wortschatz: Wortfelder „berufliche Tätigkeiten" und „Arbeitsbedingungen".
Teilnehmerzahl: Gruppen bis zu 40 Personen.
Ungefähre Spieldauer: 15 bis 20 Minuten.
Material: Zwei Fotokopien aller 20 Berufe, die in einzelne Karten zerschnitten sind.

Redemittel:	
Arbeitest du / Arbeiten Sie	im Freien?
	in einer Werkstatt?
	in einem Büro?
	in einer Praxis?
	in/bei ...?
	im Sitzen?
	im Stehen?
	auch abends?
	auch nachts?
	allein?
	mit Kollegen/Kolleginnen zusammen?
Verdienst du / Verdienen Sie	viel Geld?
	wenig Geld?
Hast du / Haben Sie	einen ruhigen Arbeitsplatz?
	einen lauten Arbeitsplatz?
	am Wochenende frei?
	eine Berufsausbildung gemacht?
	eine Berufsschule besucht?
	an der Universität studiert?

Spielvorschlag

Jeder Mitspieler erhält eine Karte mit der gezeichneten Darstellung eines Berufes. Die Teilnehmer dürfen sich ihre Karten auf keinen Fall zeigen. Jeder Beruf ist im Kurs zweimal vertreten. Die Mitspieler haben nun die Aufgabe, durch Herumfragen ihren Partner, der denselben Beruf ausübt, zu finden. Sie bewegen sich also gleichzeitig frei im Raum und stellen sich gegenseitig Fragen, die jedoch so gestellt sein müssen, dass sie nur mit „ja" oder „nein" beantwortet werden können (siehe Redemittel). Es ist nicht erlaubt, mit der direkten Frage nach dem Beruf zu beginnen. Da jeder nach dem Beruf fragt, von dem er selbst eine Zeichnung in der Hand hält, beinhalten die gestellten Fragen gewissermaßen eine Beschreibung des „eigenen" Berufes. Es geht also nicht darum, den Fragenkatalog der Redemittel abzuarbeiten.

Bei 20 Berufskarten können maximal 40 Personen am Spiel teilnehmen. Bei weniger Teilnehmern werden paarweise entsprechend weniger Karten ausgegeben. Ist die Teilnehmerzahl ungerade, wird entweder ein Beruf nur einmal ausgegeben – ein Teilnehmer fragt sich durch, findet jedoch keinen Partner –, oder ein Beruf wird dreimal ausgegeben – es sind also in diesem Fall auch die Paare zu befragen, die sich bereits gefunden haben.

5 Mitbewohner gesucht

Sprechintentionen: Eine Wohnung und ihre Einrichtung beschreiben.
Fertigkeiten: Sprechen, hören.
Grammatik/Wortschatz: Adjektive: *groß, klein, lang, kurz;* Ortspräpositionen, Dativ, Genitiv, Possessivpronomen; Wortfeld „Wohnen": *breit, schmal, rund, eckig, hell, dunkel.*
Teilnehmerzahl: Gruppen zu 16 Personen.
Ungefähre Spieldauer: 15 bis 20 Minuten.
Material: Pro Gruppe zwei Fotokopien aller Wohnungsgrundrisse, bereits in einzelne Grundrisse zerschnitten.

Redemittel: Wie viele Zimmer hat Ihre/deine Wohnung?
Gibt es in Ihrer/deiner Wohnung ein Kinderzimmer?
Hat Ihre/deine Wohnung zwei Schlafzimmer?
Liegt die Küche neben dem Badezimmer?
Liegt das Wohnzimmer am Anfang oder am Ende des Flurs?
Kommt man von der Küche direkt ins Esszimmer?
Wie viele Räume gehen vom Flur ab?
Geht der Flur um die Ecke?
Ist das Schlafzimmer eher hell oder eher dunkel?
Wo steht der Tisch?
In der Ecke am Fenster steht ein Doppelbett.
Ziemlich in der Mitte steht ein runder Tisch mit vier Stühlen.
Hinter der Tür steht ein Schrank.
Vor dem Sofa steht ein Tisch mit Sessel.
Gegenüber der Essecke steht ein Regal.

Spielvorschlag

Der Kurs wird in Gruppen zu 16 Personen unterteilt. Jeder Mitspieler erhält den Grundriss einer Wohnung. In jeder Gruppe sind jetzt also von den 8 verschiedenen Wohnungsgrundrissen jeweils zwei Exemplare im Spiel. Die 16 Mitspieler dürfen sich ihre Wohnungsgrundrisse nicht zeigen. Ziel des Spiels ist es, innerhalb einer Gruppe die Person zu finden, die in derselben Wohnung wohnt. Dazu gehen die Mitspieler durch den Raum und befragen sich gegenseitig über ihre Wohnungen und Einrichtungen. Das Spiel ist beendet, wenn jeder seinen Mitbewohner (nur einen) gefunden hat. Wenn der Kurs nicht genügend Teilnehmer hat, um Gruppen mit 16 Mitspielern zu bilden, wird einfach eine entsprechende Anzahl Wohnungspaare aus dem Spiel genommen und eine kleinere Gruppe gebildet. Bei ungerader Zahl können ausnahmsweise von einer Wohnung in einer Gruppe auch drei Exemplare kursieren.

6 Monsterspiel

Sprechintentionen: Genaue Beschreibung (von „Monstern")
Fertigkeiten: Sprechen, hören.
Grammatik/Wortschatz: Präpositionen mit Dativ *(auf, an, über, unter, neben, zwischen)* und mit Genitiv *(anstatt, anstelle)*; Wortfeld „Körperteile".
Teilnehmerzahl: Gruppen zu 16 Personen.
Ungefähre Spieldauer: 15 bis 20 Minuten.
Material: Eine bereits in einzelne Karten zerschnittene Fotokopie aller Monster.

Redemittel: Hast du / Haben Sie drei Beine?
                                           eine Hand auf dem Rücken?
                                           den Kopf zwischen den Beinen?
                                           ein Auge anstatt des Mundes?
                                           Ohren anstelle der Augen?

Spielvorschlag

Vor Beginn des Spieles sollte im Unterricht der Wortschatz „Körperteile" wiederholt werden. Der Kurs wird dann in Gruppen zu 16 Personen unterteilt. Es gibt acht männliche Monster und acht weibliche Monster, von denen jeweils zwei aufgrund der gleichen Merkmale zusammengehören. Jeder Teilnehmer einer Gruppe erhält die Abbildung eines Monsters, die er den Mitspielern auf keinen Fall zeigen darf. Den Spielteilnehmern wird nun erklärt, dass sie innerhalb ihrer Gruppe ihren Partner / ihre Partnerin finden müssen, den/die sie bei dem Monstergewühle verloren haben. Jeder sucht also ein Monster seines eigenen Typs, jedoch anderen Geschlechts. Dabei geht es um das Geschlecht der gezeichneten Monster, nicht um das Geschlecht der Mitspieler. Die Teilnehmer jeder Gruppe bewegen sich also frei im Raum und befragen einander innerhalb der Gruppe, bis die Paare sich gefunden haben. Die Fragen müssen so gestellt sein, dass sie nur mit „ja" oder „nein" beantwortet werden können. Bei der Fragestellung geht jeder von der Abbildung aus, die er selbst in Händen hält, zum Beispiel: „Hast du zwei Hände?" – „Hast du Hände anstatt der Füße?".

Sollte der Kurs aus weniger als 16 Personen bestehen, wird eine entsprechende Anzahl von Monsterpaaren aus dem Spiel genommen. Besteht der Kurs aus einer ungeraden Teilnehmerzahl, könnte der Lehrer / die Lehrerin als fehlendes Monster die Gruppe vervollständigen.

7 Bekleidungs-Quartett

Sprechintentionen: Kleidungsstücke nach Farbe und Muster beschreiben.
Fertigkeiten: Sprechen, hören.
Grammatik/Wortschatz: Adjektivdeklination mit bestimmtem und unbestimmtem Artikel; Kleidungsstücke, Farben, Muster.
Teilnehmerzahl: Gruppen zu 3 oder 4 Personen.
Ungefähre Spieldauer: 10 bis 15 Minuten pro Durchgang.
Material: Pro Gruppe ein kompletter Quartett-Satz, der aus 10 Quartetten, also insgesamt 40 Karten besteht. Den kompletten Quartett-Satz erhält man, indem man S. 57 viermal fotokopiert (8 Quartette) und S. 58 einmal (2 Quartette). Die 8 Quartette von S. 57 müssen mit den gewünschten Farben koloriert werden, die 2 Quartette S. 58 sind in Schwarzweiß bereits spielfertig. Es empfiehlt sich, die Spielkarten auf Pappe aufzukleben, damit die Motive und Farben nicht durchscheinen.

Spielvorschlag

Um das Material für dieses Quartett spielfertig zu machen, sind etwas umfangreichere Vorbereitungen notwendig als für die anderen Spiele. Es lohnt sich jedoch, für die stets wiederholungsbedürftige Adjektivdeklination ein ständig einsatzbereites Spiel zur Hand zu haben.

Jedes Quartett setzt sich aus vier Farben (Vorschlag: rot, blau, grün, gelb) oder vier Mustern zusammen. Es handelt sich um folgende Kleidungsstücke: *Bluse, Rock* (S. 58, schwarzweiß spielfertig, die Bezeichnungen für die Muster lauten: *gestreift, gepunktet, kleinkariert, großkariert), Hemd, Hose, Pullover, Socken, Kleid, Hut* (S. 57, jeweils in 4 Farben zu kolorieren). Beim Mann wird der Mantel koloriert, beim Kind die Schuhe.

Die Spielregeln sind die eines klassischen Quartett-Spiels: Jeder Spieler versucht durch Befragen seiner Mitspieler die Karten zu erhalten, die er benötigt, um ein Quartett zu vervollständigen. Bekommt er die gewünschte Karte, darf er weiterfragen. Verneint der Mitspieler die Frage, ist der Nächste dran. Hat ein Spieler ein Quartett vollständig, darf er es beiseite legen. Gewonnen hat derjenige, der am Ende des Spiels die meisten Quartette für sich gewinnen konnte.

Vor Beginn des Spiels sollte der nötige Wortschatz (Kleidungsstücke, Farben, Muster) wiederholt werden. Es gibt auch die Möglichkeit, das Spiel in seinen Schwierigkeiten zu reduzieren, indem man es zum Beispiel nur mit den farbigen Quartetten spielt und die Muster herausnimmt oder indem man die Quartette mit Dativ aus dem Spiel nimmt.

8 Stars einkleiden

Sprechintentionen: Verkaufsgespräche führen, Preise erfragen und nennen.
Fertigkeiten: Sprechen, hören, schreiben.
Grammatik/Wortschatz: Adjektive, Demonstrativpronomen; Kleidungsstücke, Zahlen, Stoffe.
Teilnehmerzahl: Gruppen zu 8 Personen.
Ungefähre Spieldauer: 30 Minuten.
Material: Pro Gruppe je eine Kopie der Schaufenster, je eine Kopie der zu den Schaufenstern gehörenden Preislisten sowie je eine Kopie der Stars, zerschnitten in insgesamt zwölf einzelne Teile.

Spielvorschlag

Der Kurs wird in Gruppen zu 8 Personen aufgeteilt. Vier Teilnehmer erhalten je ein Schaufenster sowie die dazugehörige Preisliste, die anderen vier erhalten jeder einen Star. Voraussetzung für einen gut funktionierenden Spielverlauf ist, dass alle Teilnehmer den nötigen Wortschatz beherrschen. Ziel des Spiels ist es, die vier Stars mit den Kleidungsstücken aus den Schaufenstern einzukleiden. Zu diesem Zweck gehen die vier Stars von einem Geschäft zum anderen und suchen sich die Kleidungsstücke aus, die am besten zu ihrer Persönlichkeit und zu ihrem Image passen. Die Geschäftsinhaber versuchen dabei, die Stars zu überzeugen, dass ihre Kleidungsstücke am besten zu ihnen passen.

Die Geschäftsinhaber zeigen den Stars ihre Schaufenster, nicht jedoch die Preisliste. Nach den Preisen müssen die Stars fragen, die Geschäftsinhaber müssen sie ihnen nennen. Jeder Star schreibt auf seine Zeichnung, welches Kleidungsstück er/sie in welchem Geschäft gekauft hat, bis er/sie vollständig eingekleidet ist. Die Geschäftsinhaber schreiben sich ebenfalls auf, welche Kleidungsstücke sie verkauft haben. So können sie zum Schluss ihren Umsatz errechnen. Am Ende des Spiels können alle Stars vor dem Kurs berichten, wie sie sich eingekleidet haben, und alle Geschäftsinhaber können ihren Umsatz bekanntgeben.

9 Angeber-Spiel

Sprechintentionen: Menschen, Tiere und Gegenstände miteinander vergleichen.

Fertigkeiten: Sprechen, hören.

Grammatik: Possessivpronomen, prädikative und attributive Steigerung der Adjektive, Komparativ und Superlativ, einschließlich unregelmäßiger Formen (Variante 1), deklinierte Form der gesteigerten Adjektive im Akkusativ (Variante 2).

Teilnehmerzahl: Gruppen zu 3 Personen.

Ungefähre Spieldauer: 20 Minuten.

Material: Pro Gruppe eine bereits in einzelne Karten zerschnittene Fotokopie des gesamten Kartensatzes, also pro Gruppe 30 Karten.

Redemittel: Variante 1

Mein/e ... (Substantiv) ist ... *(Adjektiv)*.
Meiner/Meine/Meins ist ... *(Komparativ)* als ... .
Deiner/Deine/Deins ist ... *(Komparativ)* als ... .
Meiner/Meine/Meins ist ... *(Superlativ)*.
Deiner/Deine/Deins ist ... *(Superlativ)*.

Variante 2

Ich habe einen/eine/ein ... *(Adjektiv)* ... *(Substantiv)*.
Ich habe einen/eine/ein ... *(Komparativ)* ... *(Substantiv)* als du.
Du hast einen/eine/ein ... *(Komparativ)* ... *(Substantiv)* als ich.
Ich habe den/die/das ... *(Superlativ)* ... *(Substantiv)*.
Du hast ...

Variante 1 + 2

Ich habe viel/wenig Geld.
Ich habe mehr/weniger Geld.
Ich habe am meisten / am wenigsten Geld.

Spielvorschlag

Der gesamte Kartensatz besteht aus 10 Themen. Zu jedem Thema gibt es 3 Karten. Innerhalb jeder Gruppe wird ein ganzer Kartensatz verteilt, wobei der Lehrer / die Lehrerin darauf achten muss, dass jeder Mitspieler von jedem Thema nur eine Karte erhält. So erhält jeder Mitspieler 10 Karten. Auf jeder Karte steht mindestens ein Adjektiv, auf einigen auch zwei.

Variante 1

Ein Spieler eröffnet das Spiel, indem er eine Karte auf den Tisch legt. Dabei sagt er: „Meine Hose ist teuer (oder billig)." Das Adjektiv, das er benutzen soll, steht auf der Karte. Stehen zwei Adjektive auf der Karte, kann man sich eins aussuchen.

Der nächste Spieler legt nun seine Karte mit der Hose dazu und vergleicht sie mit der ersten Karte: „Meine Hose ist teurer (oder billiger) als deine." Der Spieler, der mit seiner Karte zu dem in Frage stehenden Thema den Superlativ bilden kann („Meine Hose ist am teuersten / am billigsten."), darf die drei Karten dieses Themas an sich nehmen und kommt mit einer Karte eines neuen Themas heraus. Die Runde gewinnt also immer der Spieler, der zum jeweiligen Thema den Superlativ besitzt. Sollte es in einigen Fällen Interpretationsspielraum unter den Mitspielenden geben, sollten diese den Konflikt untereinander lösen. Das Spiel ist zu Ende, wenn alle Karten ausgespielt sind, und gewonnen hat derjenige, der die meisten Karten gesammelt hat.

Variante 2

Das Spiel verläuft wie in Variante 1, jedoch sagt der jeweils eröffnende Spieler: „Ich habe eine teure (oder billige) Hose." Der nächste Spieler vergleicht mit den Worten: „Ich habe eine teurere (oder billigere) Hose als du." Der Superlativ wird dann formuliert mit den Worten: „Ich habe die teuerste (oder billigste) Hose."

Sollten bei der Aufteilung der Gruppen zwei Lernende übrigbleiben, so erhält jeder zunächst von jedem Thema eine Karte, die restlichen werden zu gleichen Teilen unter den beiden aufgeteilt, so dass sie zu zweit spielen können.

Bleibt nur einer übrig, spielt entweder der Lehrer / die Lehrerin mit, oder es wird von einer anderen Gruppe eine Person abgezogen, so dass zwei Zweier-Gruppen entstehen.

10 Wegbeschreibungen

Sprechintentionen: Nach dem Weg fragen, den Weg beschreiben.

Fertigkeiten: Sprechen, hören.

Grammatik/Wortschatz: Niedrige Ordnungszahlen, Richtungsangaben; Örtlichkeiten von öffentlichem Interesse, Straßenbezeichnungen, Wegbeschreibungen.

Teilnehmerzahl: Gruppen zu 16 Personen.

Ungefähre Spieldauer: 15 Minuten.

Material: 16 Stadtplanausschnitte mit unterschiedlichen Eintragungen, pro Teilnehmer jedoch nur ein Plan. Auf jedem Plan steht eine Aufforderung, den Weg zu einem auf dem Plan nicht eingetragenen Ziel zu erfragen, und eine Aufforderung, den Weg zu einem auf dem Plan eingetragenen Ziel zu erklären.

Redemittel: Entschuldigung, gibt es hier in der Nähe ein/eine/einen ...?
Tut mir leid. Ich kenne mich hier nicht aus.
Ich bin auch nicht von hier.
Da gehen Sie hier geradeaus und ... .
Dann biegen Sie in die erste/zweite/dritte Straße links/rechts ein.
Das ist die ...-straße.
Dann gehen Sie am besten die ...-straße entlang.
Überqueren Sie die ...-straße und ... .
Da ist dann auf der linken/rechten Seite der/die/das ... .

Spielvorschlag

Jeder Mitspieler erhält einen fotokopierten Stadtplanausschnitt. Da auf jedem Plan jeweils ein anderes Ziel eingetragen ist, jedoch jeweils derselbe Ausgangspunkt, ist jeder Mitspieler in der Lage, eine genaue Wegbeschreibung zu geben. Für jeden Mitspieler steht außerdem auf seinem Plan die Aufforderung, den Weg zu einem Ziel zu erfragen, das auf seinem Plan nicht eingezeichnet ist. Alle Mitspieler bewegen sich nun frei im Raum, jeder versucht sich zu seinem Ziel durchzufragen, bis er den Mitspieler gefunden hat, der ihm die gewünschte Auskunft geben kann. Das gefundene Ziel wird in den Plan eingetragen. Wichtig ist, dass die Mitspieler sich die Pläne nicht zeigen, sondern den Weg mit Worten genau beschreiben. Damit die kopierten Pläne nicht auf der Rückseite durchscheinen, sollten sie auf Karton oder festes Papier aufgeklebt werden. Das Spiel ist beendet, wenn jeder Mitspieler eine Wegbeschreibung erhalten und eine Wegbeschreibung gegeben hat.

Besteht der Kurs aus mehr als 16 Teilnehmern, kann eine entsprechende Anzahl an Plänen doppelt kopiert werden, einige Mitspieler geben ihre Wegbeschreibung dann zweimal.

Besteht der Kurs aus weniger als 16 Teilnehmern, dann wird eine entsprechende Anzahl von Plänen ausgeteilt, es muss aber auf einem Plan das Ziel, das erfragt werden soll, geändert werden, damit sich ein geschlossener Kreislauf ergibt. In jedem Fall sollte bei weniger als 16 Mitspielern vor Beginn des Spieles vom Lehrer / von der Lehrerin überprüft werden, ob die auszuteilenden Pläne einen geschlossenen Kreislauf ergeben.

11 Schatzinsel

Sprechintentionen: Wegbeschreibungen im freien Gelände geben.
Fertigkeiten: Sprechen, hören.
Grammatik/Wortschatz: Präpositionen; Geographische und topographische Geländebezeichnungen, Richtungsangaben, Himmelsrichtungen, Wegbeschreibungen.
Teilnehmerzahl: Gruppen zu 4 Personen.
Ungefähre Spieldauer: 20 bis 25 Minuten.
Material: Pro Person eine Kopie einer Schatzkarte.

Redemittel: Der Weg führt zuerst vom Schiff zum/zur ... .
Es geht los beim Schiff in/bei ... (Dativ).
Dann führt der Weg um/durch/über ... (Akkusativ).
Nun geht es eine Weile am / an der ... entlang.
Der Weg führt jetzt am ... vorbei.
Jetzt geht es ein Stück nach ... (Himmelsrichtung).
Zum Schluss führt der Weg zum/zur ... .
Dort ist der Schatz vergraben.

Spielvorschlag

Der Kurs wird in Gruppen zu 4 Personen aufgeteilt. Jedes Gruppenmitglied erhält eine der vier Schatzkarten, so dass in jeder Gruppe alle vier Schatzkarten vorhanden sind. Die vier Gruppenmitglieder dürfen sich ihre Schatzkarten jedoch auf keinen Fall zeigen, da auf jeder Schatzkarte ein anderer Weg zum Schatz eingezeichnet ist.

Zu Beginn des Spiels gibt der Lehrer / die Lehrerin eine kleine Einführung, wie zum Beispiel: „Es war einmal ein gefürchteter Pirat mit Namen Halbohr. Der häufte im Laufe seiner anstrengenden Piratentätigkeit gewaltige Schätze an. Bevor er starb, versteckte er seinen Schatz auf einer Insel."

Außerdem wird dem Kurs Folgendes erzählt:

Es gibt vier Schatzkarten, die den Weg zum Schatz weisen, aber alle vier Karten sind falsch. Trotzdem benötigen wir sie, um zu erfahren, wo der Schatz wirklich liegt. Um die Stelle zu finden, muss jedes Gruppenmitglied den anderen drei Gruppenmitgliedern beschreiben, wo der Weg auf seiner Karte entlangführt. Die anderen drei zeichnen den beschriebenen Weg auf ihren Karten so genau wie möglich ein. Der Schatz befindet sich nämlich dort, wo alle vier Wege sich kreuzen. Ausgangspunkt aller vier Wege ist jeweils eins der vier Schiffe. Der Endpunkt aller Wege ist jeweils mit einem Kreuz gekennzeichnet. Die Gruppe, die als erste entdeckt, wo die vier Wege sich kreuzen, hat den Schatz entdeckt.

12 Flussüberquerung

Sprechintentionen: Zeitliche Abläufe diskutieren.
Fertigkeiten: Sprechen, hören.
Grammatik: Zeitliche Verknüpfungselemente, Akkusativ, Dativ.
Teilnehmerzahl: Gruppen zu 7 Personen.
Ungefähre Spieldauer: 10 Minuten.
Material: Pro Gruppe eine Fotokopie der 7 Phasen der Flussüberquerung, in einzelne Bilder zerschnitten.

Redemittel: Auf meinem Bild fährt die Bäuerin mit ... im Boot vom linken zum rechten Ufer.
Bei mir nimmt die Bäuerin gerade den ... und die ... vom rechten zum linken Ufer mit.
Also, ich glaube, zuerst / als Erstes fährt die Bäuerin ... .
Richtig, und dann / danach / als Nächstes / anschließend nimmt sie ... .
Nein, vorher fährt sie ... .
Genau / Nein, erst ... und dann ... .
So, passt mal auf: Als Erstes ... , dann ... , anschließend ... und als Letztes ... .
Nein, das ist anders: Zuletzt ... .
Ja, jetzt haben wir's: Zuerst ... , danach ... , als Nächstes ... und zum Schluss ... .

Spielvorschlag

Der Kurs wird in Gruppen zu 7 Personen unterteilt, und der Lehrer / die Lehrerin erklärt dem Kurs folgende Situation: Eine Bäuerin muss mit einer Ziege, einem großen Kohl, einem Wolf und einem Bären einen Fluss überqueren. Da es keine Brücke gibt, muss sie ein kleines Boot nehmen. Als Hilfe hat sie ihren Knecht dabei. Da gibt es jedoch ein Problem: Sowohl der Wolf als auch der Bär gehorcht dem Knecht nicht, nur der Bäuerin gehorchen alle. Es gibt ein weiteres Problem: Das Boot ist so klein, dass außer der Bäuerin immer nur zwei Tiere oder ein Tier und der Kohl oder der Knecht und ein Tier / der Kohl im Boot Platz finden. Die Bäuerin muss auf vieles achten: Die Ziege darf mit dem Kohl nicht allein sein, da sie ihn fressen würde. Der Wolf oder der Bär dürfen mit der Ziege nicht allein sein, da sie sie töten würden, der Wolf darf nicht mit dem Bären allein sein, da sie miteinander kämpfen würden, und der Bär darf auch nicht mit dem Kohl allein sein, da er ihn fressen würde. So muss die arme Bäuerin siebenmal über den Fluss fahren.

Jeder Mitspieler erhält ein Bild von einer Überfahrt. Die 7 Mitspieler setzen sich zusammen und erzählen sich gegenseitig, was auf ihren Bildern zu sehen ist. Sie dürfen sich ihre Bilder nicht zeigen. Auch ist es in diesem Spiel nicht erlaubt, sich Notizen zu machen. Es geht darum, dass die Gruppe im Gespräch gemeinsam herausfindet, in welcher Reihenfolge die verschiedenen Überfahrten stattfinden. Das Spiel ist beendet, wenn die Gruppe alle Überfahrten in der richtigen Reihenfolge erzählen kann. Die richtige Reihenfolge ist die im Buch abgedruckte. Sollte eine Gruppe aus weniger als 7 Mitspielern bestehen, können einzelne Mitspieler auch mehr als ein Bild erhalten. Ebenso kann man größere Gruppen bilden, wenn sich einzelne Bilder doppelt im Spiel befinden.

13 Rumpelkammer

Sprechintentionen: Interesse an Sachen ausdrücken, Sachen zwischen mehreren Personen aufteilen.
Fertigkeiten: Lesen, hören, sprechen.
Grammatik: Bestimmter Artikel als Demonstrativpronomen im Nominativ und Akkusativ, Personalpronomen im Dativ und Akkusativ.
Teilnehmerzahl: Gruppen zu 6 Personen.
Ungefähre Spieldauer: 20 Minuten.
Material: Pro Gruppe ein vollständiger Satz Kopien, bereits zerschnitten in 25 Gegenstands-Karten und 6 Personen-Karten, sowie ein Behälter.

Redemittel: Hier haben wir einen/eine/ein ... *(Gegenstand)*.
Und hier haben wir ... *(Zahl)* ... *(Gegenstände)*.
Ich sammle ... *(Gegenstände)*.
Den/Die/Das möchte ich gerne haben.
Ich auch.
Der/Die/Das interessiert/interessieren mich nicht.
Mich auch nicht.
Möchtest du / Möchten Sie ihn/sie/es haben?
Nein danke, ich sammle auch keine ... *(Gegenstände)*.
Aber Sebastian/Julia sammelt ... *(Gegenstände)*. Wir können ... *(Akkusativ / ihn/sie/es)* ... *(Dativ / ihm/ihr)* schenken.
Laura und Simon sammeln auch ... *(Gegenstände)*. Wir können ihn/sie/es auch ihnen schenken.
Ja, ist gut. Einverstanden.

Spielvorschlag

Vor Beginn des Spiels muss sichergestellt sein, dass alle Lernenden die Bezeichnungen der abgebildeten Gegenstände beherrschen. Der Kurs wird in Gruppen zu 6 Personen aufgeteilt. Allen Teilnehmern wird folgende Situation erklärt: Beim Wohnungsumzug eines der Gruppenmitglieder hat man in der Rumpelkammer (auf dem Dachboden oder im Keller) eine Kiste mit alten Sachen gefunden. Es geht nun darum, diese Sachen unter den Gruppenmitgliedern aufzuteilen, je nach Sammelinteresse. Zu diesem Zweck erhält jeder Teilnehmer eine Karte, auf der steht, welche Sachen er sammelt und welche Sachen ein guter Freund bzw. eine gute Freundin sammelt. Alle Gegenstände werden nun in einen Behälter (Plastikbeutel, Federtasche, etc.) getan. Reihum zieht jeder Teilnehmer jeweils eine Gegenstands-Karte, und es wird besprochen, wer diesen Gegenstand bekommen soll. Dabei soll jeder seine Sammelinteressen ausdrücken, aber auch die Sammelinteressen anderer Personen berücksichtigen. Das Spiel ist beendet, wenn alle Gegenstände aufgeteilt sind und alle Gruppenmitglieder mit der Aufteilung einverstanden sind.

14 Nachbarn

Sprechintentionen: Personen unterscheiden, genauere Angaben zu einzelnen Personen machen.
Fertigkeiten: Sprechen, hören.
Grammatik/Wortschatz: Relativpronomen in allen Kasus; Beschreibung von Wohnungsanlagen in einem Mehrfamilienhaus, Ordinalzahlen von 1 bis 4.
Teilnehmerzahl: Gruppen zu 3 Personen.
Ungefähre Spieldauer: 10 bis 15 Minuten.
Material: Pro Gruppe eine Fotokopie des Hauses mit den Zeichnungen drumherum sowie eine Kopie der in einzelne Karten zerschnittenen Antworttexte.

Redemittel: Wer wohnt eigentlich im ersten Stock links?
im Erdgeschoss rechts?
im dritten Stock in der Mitte?
im Dachgeschoss?

Da wohnt der/die/das ... , }
Da wohnen die ... , } *(Relativpronomen)* ... .

Spielvorschlag

Der Kurs wird in Gruppen zu je 3 Personen unterteilt. Jede Gruppe erhält eine Kopie des Hauses mit allen dazugehörigen Zeichnungen. Außerdem erhält jedes Gruppenmitglied fünf Karten mit einem Antworttext, der jedoch im Laufe des Spiels mündlich umzuformulieren ist. Ist die Anzahl der Kursteilnehmer nicht durch drei teilbar, können auch eine oder zwei Zweier-Gruppen gebildet werden. Diese Gruppenmitglieder erhalten dann jeweils sieben bzw. acht Antwortkarten.

Jede Gruppe simuliert nun ein Gespräch über die Bewohner des gegenüberliegenden Wohnhauses. Jeder kann über einige Bewohner etwas sagen, muss jedoch über andere Bewohner seine Mitspieler befragen. Jeder Mitspieler hat anhand der ihm vorliegenden Antwortkarten einen Überblick, über welche Wohnungen ihm Informationen fehlen. Möchte nun ein Spieler die Frage eines Partners beantworten, so muss er die beiden Angaben auf seiner Antwortkarte in einen Relativsatz umformulieren, zum Beispiel: „Der schwierige Mann. Ihm schmeckt kein Essen." → „Da wohnt der schwierige Mann, dem kein Essen schmeckt."

Jeder Antwort entspricht eine der um das Haus angeordneten Zeichnungen, die sich inhaltlich auf eine der gegebenen Informationen oder Teilinformationen bezieht. Nach jeder Antwort ordnen die Mitspieler, die die Antwort erhalten haben, die ihrer Meinung nach zutreffende Zeichnung dem entsprechenden Fenster zu, indem sie Zeichnung und Fenster auf der Kopie mit einer Linie verbinden. Das Spiel ist beendet, wenn alle Zeichnungen einem Fenster zugeordnet sind.

Der Lehrer / Die Lehrerin sollte beim Verteilen der Antwortkarten an die einzelnen Gruppenmitglieder darauf achten, dass die grammatikalischen Schwierigkeiten einigermaßen gleichmäßig verteilt sind.

15 Domino

Sprechintentionen: Zusammenhänge begründen, argumentieren.
Fertigkeiten: Sprechen, hören.
Grammatik: Kausalsätze.
Teilnehmerzahl: Gruppen zu 4 Personen.
Ungefähre Spieldauer: 20 Minuten.
Material: Pro Gruppe eine auf Pappe geklebte und in einzelne Dominokarten zerschnittene Kopie aller Abbildungen.

Redemittel: Der ... und die ... gehören zur selben Familie, weil/denn ... .

Die ... und das ... funktionieren beide mit ... .

Das ... und der ... sind beide zum ... *(Tätigkeit)* da.

Das ist auch ein ... *(Sammelbegriff)*, genauso wie ... .

Das benutzt man auch zum ... *(Tätigkeit)*, genauso wie ... .

Damit kann man auch ... *(Tätigkeit)*, genauso wie mit ...

Der ... passt gut zum/zur ..., weil/denn ... .

Spielvorschlag

Den Mitspielern sollten die Bezeichnungen aller Abbildungen des Spiels geläufig sein. Unbekanntes kann zu Beginn des Spiels noch eingeführt werden. Vorteilhaft ist es, wenn die Teilnehmer Namen von Materialien beherrschen (*Glas, Holz,* etc.) oder auch einige Sammelbegriffe (*elektrisches Gerät, Möbel, Musikinstrument,* etc.), um mehr Möglichkeiten zu haben, die Dinge zueinander in Beziehung zu setzen.

Jede Gruppe erhält einen kompletten Satz Dominokarten, bestehend aus 28 Karten. Die Dominokarten werden mit den Abbildungen nach unten auf den Tisch gelegt. Jeder Mitspieler einer Gruppe nimmt sich 7 Karten. Beginnen darf die Person, die eine zuvor festgelegte Abbildung besitzt. Sie legt die Karte aufgedeckt auf den Tisch. Der nächste Spieler legt nun im Sinne eines Dominospiels an eine der beiden Seiten eine Abbildung an und muss den Zusammenhang begründen, z. B.: „Der Fuß passt zur Hand, weil beide Körperteile sind."

Vorausgesetzt, er hätte die Abbildung der Gitarre gehabt, hätte er auch diese an die Hand anlegen können, mit der Begründung: „Die Gitarre wird mit der Hand gespielt." Die Formulierungen für die Begründungen der Zusammenhänge sind variabel, die angegebenen Redemittel stellen nur ein Angebot dar und müssen nicht abgearbeitet werden. Jeder Spieler darf bei jeder Runde nur eine Karte anlegen, auch wenn er die Kette sofort fortsetzen könnte. Die Mitspieler entscheiden jeweils, ob der begründete Zusammenhang akzeptabel ist. Kann ein Spieler, wenn er dran ist, nichts hinzulegen, sagt er: „Ich passe." Er muss auf die nächste Runde warten.

Es befinden sich zwei Karten mit Jokern im Spiel. Derjenige, der einen Joker benutzt, muss dem nach außen zeigenden Joker eine Bezeichnung geben, die für den Spieler, der an diesen Joker anlegen will, bindend ist. Gewonnen hat das Spiel, wer zuerst alle Karten anlegen konnte.

16 Wettervorhersage

Sprechintentionen: Über das Wetter sprechen. Geographische Angaben machen.

Fertigkeiten: Sprechen, hören.

Grammatik/Wortschatz: Futur, Genitiv mit bestimmtem Artikel; Himmelsrichtungen, Witterungsbezeichnungen.

Teilnehmerzahl: Gruppen zu 4 Personen.

Ungefähre Spieldauer: 15 Minuten.

Material: Vier Landkarten des deutschsprachigen Raumes (Deutschland, Österreich, Schweiz), auf denen jeweils nur ein Viertel durch Symbole mit einer Wettervorhersage versehen ist.

<table>
<tr><td colspan="4">Redemittel: Wie wird morgen das Wetter in Norddeutschland/Westdeutschland/Ostdeutschland/Süddeutschland, Österreich und der Schweiz?</td></tr>
</table>

Nördlich	der Elbe		sonnig sein.
Westlich	der Donau		heiter sein.
Östlich	des Rheins		regnerisch sein / regnen.
Südlich	der Alpen	wird es	neblig sein.
An der Nordseeküste			bewölkt sein.
An der Ostseeküste			windig sein.
In den Alpen			stürmisch sein.
			20 Grad warm sein.
			kühl/kalt sein.
			gewittrig sein.

Spielvorschlag

Der Kurs wird in Gruppen zu 4 Personen unterteilt. Jedes Gruppenmitglied erhält eine der vier Landkarten. Jede Landkarte ist in vier geographische Bereiche unterteilt, auf jeder Karte ist nur in einem dieser Bereiche eine Wettervorhersage mit Symbolen eingetragen. Jedes Gruppenmitglied kann also nur über das Wetter in einem Bereich Auskunft geben und muss die Wettervorhersage für die drei anderen Bereiche von den anderen Gruppenmitgliedern erfragen und in seine Karte eintragen. Wichtig ist, dass die einzelnen Gruppenmitglieder sich ihre Karten nicht gegenseitig zeigen.

17 Lukas, der Frosch – Würfelspiel

Sprechintentionen: Sich in Spielsituationen ausdrücken.
Fertigkeiten: Sprechen, hören, schreiben, lesen.
Grammatik: Verbformen, insbesondere der starken und unregelmäßigen Verben.
Teilnehmerzahl: Gruppen zu 4 Personen.
Ungefähre Spieldauer: Variabel, da es sich um ein Glücksspiel handelt (15 bis 20 Minuten).
Material: Pro Gruppe eine Fotokopie des Spielfeldes, möglichst auf Pappe geklebt, ein Würfel, vier Spielfiguren.

<table>
<tr><td>Redemittel: Wer ist dran?
Du bist dran.
Bin ich dran?
Was ist jetzt los?
Du musst / Sie müssen eine Runde aussetzen.
Ich muss zwei Runden aussetzen.
Ich muss / Du musst / Sie müssen noch mal von vorne anfangen.
Es brennt.
Du musst noch mal würfeln.
Du brauchst / Ich brauche eine eins/zwei/drei/vier/fünf/sechs.
Ich hüpfe ganz heiter zum nächsten Frosch weiter.</td></tr>
</table>

Spielvorschlag

Der Kurs wird in Gruppen zu 4 Personen eingeteilt. Bei nicht durch vier teilbarer Teilnehmerzahl können auch Gruppen aus 3 oder 5 Personen bestehen. Jede Gruppe erhält ein Spielfeld, einen Würfel und vier Spielfiguren. Außerdem legt sich jede Gruppe ein Blatt Papier zurecht, um die Verbformen aufzuschreiben.

Es beginnt der Spieler, der die höchste Zahl gewürfelt hat. Ziel des Spiels ist es, als erster auf das Feld 61 zu gelangen. Dazu müssen die richtigen Formen der Verben gebildet werden, die den Weg säumen. Auf dem Spielfeld der Variante A muss jeweils die richtige Verbform im Präsens gebildet werden. Auf dem Spielfeld der Variante B muss die richtige Form im Perfekt oder Imperfekt gebildet werden, je nach Beschriftung des Feldes. Gelangt man, je nach gewürfelter Zahl, auf ein Feld mit einem Verb, so ist die nach der Beschriftung verlangte Form zu bilden und auf das Blatt Papier zu schreiben. Die Gruppe überprüft die Richtigkeit der Verbform und befragt im Zweifelsfall den Lehrer / die Lehrerin. Ist die Form richtig, darf der Spieler auf diesem Feld bleiben, ist sie falsch, muss er zurück auf das Feld, auf dem er vorher war. Zwischen den Feldern 1 und 61 gibt es eine Reihe von Hilfen und Hindernissen. Alle 5 Felder befindet sich ein Feld mit Lukas, dem Frosch. Kommt ein Spieler auf eines dieser Felder, so darf er mit den Worten „Ich hüpfe ganz heiter zum nächsten Frosch weiter" zum nächsten Feld mit Lukas, dem Frosch, weiterziehen. Die Anweisungen für die Hindernisse stehen am unteren Rand des Spielfeldes. Um auf das letzte Feld mit der Nummer 61 zu gelangen, muss genau die fehlende Augenzahl gewürfelt werden. Wird eine zu hohe Augenzahl gewürfelt, muss um die Anzahl der übrigbleibenden Augen zurückgegangen werden.

18 Wohnungssuche

Sprechintentionen: Wünsche und Ansprüche in Bezug auf Wohnraum ausdrücken.
Fertigkeiten: Sprechen, hören.
Grammatik/Wortschatz: Konjunktiv II; Wortfeld „Wohnen".
Teilnehmerzahl: Gruppen zu 10 Personen.
Ungefähre Spieldauer: 20 bis 30 Minuten.
Material: Pro Gruppe 4 Vermieter-Karten sowie 6 Wohnungssuchende-Karten, in einzelne Karten zerschnitten.

Redemittel: Ich suche eine Wohnung mit ... .
Wir brauchen ganz dringend eine Wohnung mit ... .
Am liebsten hätte ich ... .
Wir möchten unbedingt ....
Die Wohnung / Sie muss auf jeden Fall ... .
Sie sollte möglichst ... .
Es wäre gut, wenn sie ... .
Am besten wäre es, wenn sie ... .

Spielvorschlag

Die vier Vermieter jeder Gruppe verteilen sich so gut es geht im Raum. Die sechs Wohnungssuchenden gehen von einem Vermieter zum anderen und tragen ihre Wünsche vor. Dabei müssen sie so vollständig wie möglich erzählen, nicht vorlesen, was auf ihren Rollenkarten steht. Die Vermieter reagieren darauf so, wie ihre Rollenkarten es ihnen vorschreiben. Es geht nicht darum, dass die Vermieter den Inhalt ihrer Rollenkarten im Zusammenhang vortragen. So diskutieren die Wohnungssuchenden mit den Vermietern über die Möglichkeiten einer Vermietung. Im Laufe des Spiels finden die Vermieter Interessenten, an die sie ihre Wohnung vermieten möchten. Da sie aber wahrscheinlich ihre geeigneten Interessenten nicht gleichzeitig finden, werden die Wohnungssuchenden nur nach und nach weniger. So sehen sich einige Wohnungssuchende eventuell gezwungen, von ihren ursprünglichen Wünschen mehr oder weniger abzugehen, wenn sie im Rennen bleiben wollen. Das Spiel ist zu Ende, wenn jeder Vermieter einen Mieter hat. Die restlichen Wohnungssuchenden finden keine Wohnung, was durchaus realistisch ist. In einem anschließenden Gespräch müssen die Vermieter im Plenum erklären und begründen, warum sie sich so und nicht anders entschieden haben. Lässt sich der Kurs nicht in Gruppen zu 10 Personen aufteilen, so können auch jeweils 2 Personen mit einer Rollenkarte als Wohnungssuchende auftreten.

19 Freizeit-Planung

Sprechintentionen: Sich verabreden.
Fertigkeiten: Lesen, schreiben, sprechen, hören.
Grammatik/Wortschatz: Konjunktiv II; Freizeitaktivitäten, Uhrzeiten, Tageszeiten, Wochentage.
Teilnehmerzahl: Gruppen zu 3 Personen.
Ungefähre Spieldauer: 20 Minuten.
Material: Pro Gruppe 15 Vorschlagskarten mit gezeichneten Freizeitaktivitäten sowie 15 Wochenpläne aus Terminkalendern mit eingetragenen Verabredungen. Außerdem pro Person ein Blatt Schreibpapier.

Redemittel: Hast du Lust, am ... mit mir zu ... *(+Infinitiv)*?
Wollen wir am ... zusammen ... *(+Freizeitaktivität)*?
Ja, mal sehen. Um wieviel Uhr denn?
O ja, gerne! Ich könnte zum Beispiel um ... Uhr.
Ich dachte so an ... Uhr.
Mir würde es gut um ... Uhr passen.
Wie wär's mit ... Uhr? Das würde mir besser passen.
Das tut mir leid. Da kann ich leider nicht. Da muss ich ... .
Das geht leider nicht. Da will ich ... .
Ja, prima, da kann ich auch.
Also, dann bis ... um ... Uhr.

Spielvorschlag

Vor Beginn des Spieles sollten folgende Freizeitaktivitäten in den Wortschatz der Kursteilnehmer eingegangen sein:

Tennis spielen
ein Picknick machen
eine Bootsfahrt machen
Kaffee trinken
ins Kino gehen
essen gehen
in ein Konzert gehen
eine Ausstellung besuchen
spazieren gehen
in den Zoo gehen
ins Museum gehen
zum Fußball gehen
in die Disco gehen
ins Schwimmbad gehen
eine Wanderung machen

Diese sind nämlich die auf den 15 Karten gezeichneten Freizeitaktivitäten.

Der Kurs wird in Gruppen zu 3 Personen aufgeteilt. Jeder Mitspieler erhält nach dem Zufallsprinzip 5 Vorschlagskarten mit Zeichnungen und 5 Wochenpläne mit Verabredungen. Auf einem Blatt Papier zeichnet sich jetzt jeder Mitspieler einen persönlichen Wochenplan mit allen sieben Wochentagen, die von oben nach unten eingetragen werden. Zweck des Spiels ist es, mit den anderen Gruppenmitgliedern Verabredungen zu treffen. Ein Mitspieler beginnt, indem er eine Vorschlagskarte mit Zeichnung auf den Tisch legt und einem der beiden anderen Mitspieler einen entsprechenden Vorschlag macht. Dabei muss er sich, was Wochentag und Uhrzeit angeht, an die Möglichkeiten halten, die ihm seine vorgegebenen Verabredungen noch lassen. Der angesprochene Mitspieler muss ebenfalls sofort nachgucken, ob er zu dem vorgeschlagenen Termin noch kann. Entweder es kommt eine Verabredung zustande – die tragen dann beide in ihre leeren Wochenpläne ein – oder eine der vorgegebenen Verabredungen verhindert dies. Diese Karte mit der vorgegebenen Verabredung legt der Mitspieler auf den Tisch. Einmal auf den Tisch gelegte Karten dürfen nicht mehr verwendet werden. Nun ist der nächste Mitspieler dran, einen Vorschlag für eine Verabredung zu machen. Das Spiel ist beendet, wenn alle Vorschlagskarten verwendet worden sind. Zum Schluss sollten alle Kursteilnehmer erzählen, welche Verabredungen sie für die nächste Woche getroffen haben.

20 Was fehlt Ihnen denn?

Sprechintentionen: Schmerzen benennen. Um Rat fragen. Ratschläge geben. Medikamente und Maßnahmen verordnen.
Fertigkeiten: Sprechen, lesen, hören.
Wortschatz: Wortfelder „Arzt" und „Krankheiten".
Teilnehmerzahl: Gruppen zu 6 Personen.
Ungefähre Spieldauer: 20 Minuten.
Material: Pro Gruppe eine Fotokopie der 6 Rollenkarten, bereits in einzelne Karten zerschnitten.

Redemittel: Es geht mir sehr schlecht.
Ich fühle mich nicht wohl.
Was fehlt Ihnen denn?
Haben Sie Schmerzen?
Wo tut es denn weh?
Tut/Tun Ihnen der/die/das ... weh?
Mir tut/tun der/die/das ... weh.
Ich habe Schmerzen im/in/am/an ... .
Was empfehlen Sie mir?
Was soll ich dagegen tun?
Da empfehle ich Ihnen Folgendes: ... .
Das Beste ist, Sie ... .
Nehmen Sie ... mal täglich ... gegen ... .
Gegen ... verschreibe ich Ihnen ... .
Sie sollten ... mal täglich ... .

Spielvorschlag

Der Kurs wird in Gruppen zu 6 Personen aufgeteilt. Drei Mitspieler spielen Arzt/Ärztin, drei Mitspieler sind Patienten. Die Patienten leiden an einer Reihe von Symptomen. Jeder Patient geht von einem Arzt zum anderen, schildert die Symptome, hört sich an, was die Ärzte empfehlen, und entscheidet dann, welche Behandlung er für die beste für seine Krankheit hält. Jede(r) Arzt/Ärztin hat für jede der drei Krankheiten (Grippe, Magenverstimmung, Sonnenstich mit Sonnenbrand) Behandlungsratschläge zu geben. Es befinden sich für alle drei Krankheiten drei verschiedene Behandlungsansätze im Spiel: einer der traditionellen Medizin, ein naturheilkundlicher und ein vollkommen unsinniger. Die unsinnigen Ratschläge sind:
- Grippe: Kopf in den Kühlschrank;
- Magenverstimmung: Schokolade und Weingummi;
- Sonnenstich mit Sonnenbrand: Bad in heißem Salzwasser.

Es geht nicht darum, dass die Patienten ihren gesamten Text in einem Stück sprechen, sondern die Ärzte/Ärztinnen haben durch bestimmte Fragen dafür zu sorgen, dass ein Dialog mit dem Patienten daraus wird.

Das Spiel ist beendet, wenn jeder Patient jeden Arzt / jede Ärztin gehört hat und sich für eine Behandlung entschieden hat.

Sollte der Kurs sich nicht genau in Gruppen zu 6 Personen aufteilen lassen, können die „überzähligen" Kursteilnehmer ebenfalls als Patienten in den bestehenden Gruppen mitspielen. Es macht nichts, wenn zwei Patienten über dieselben Symptome klagen.

21 Wer darf zuerst ins Badezimmer?

Sprechintentionen: Eigene Interessen vertreten. Sich Gehör verschaffen. Mit anderen nach Lösungen für ein Problem suchen.
Fertigkeiten: Sprechen, hören.
Wortschatz: Typische Sachverhalte aus Schule, Beruf und Alltagssituationen.
Teilnehmerzahl: Gruppen zu 6 Personen.
Ungefähre Spieldauer: 10 bis 15 Minuten.
Material: Pro Gruppe 6 Rollenkarten, in einzelne Karten zerschnitten.

Redemittel: Also, ich würde gern ..., weil ... .
Gut, aber meine Situation ist folgende: ... .
Das kann ja alles sein, aber ich muss ... .
Darf ich jetzt auch mal was sagen?
So, jetzt hört mir mal bitte alle zu: ... .
Vielleicht komme ich auch mal zu Wort?
Also, so kommen wir nicht weiter!
Ich schlage Folgendes vor: ... .
Am einfachsten ist es doch, wenn ... .
Wir sollten uns langsam mal einigen.
Gut, fangen wir noch mal von vorne an: ... .
Also, mir reicht's jetzt!
So, jetzt ist aber Schluss!

Spielvorschlag

Den Lernenden wird folgende Situation erklärt: Sechs Familienmitglieder begegnen sich morgens um 7 Uhr vor dem einzigen Badezimmer der Wohnung. Jeder Teilnehmer hält sich strikt an die Rolle, die er zugeteilt bekommt, kann sie aber noch weiter ausbauen. Es geht darum, vor der Badezimmertür im Gespräch das Problem zu lösen, wer als Erster ins Badezimmer darf. Am besten ist es natürlich, wenn eine Lösung mit der Zustimmung aller Beteiligten gefunden wird, aber es sind auch andere Lösungen denkbar. Der Kurs wird in Gruppen zu 6 Personen aufgeteilt. Zu Beginn des Rollenspiels teilt jeder Mitspieler seiner Gruppe mit, welche Person er spielt. Kommt eine Gruppe nicht zum Ende, setzt der Lehrer / die Lehrerin eine Frist: „Noch eine Minute!" Wenn der Kurs sich nicht in 6er-Gruppen teilen lässt, können auch Rollenkarten aus dem Spiel genommen werden. Vater und Mutter sollten jedoch nicht herausgenommen werden, da sie über die zwingendsten Argumentationen verfügen.

22 Telefonspiel

Sprechintentionen: Telefonnummern nennen. Telefongespräche führen. Sich beschweren. Konfliktsituationen lösen.
Fertigkeiten: Sprechen, hören.
Grammatik/Wortschatz: Konjunktiv II; Wortfeld „Telefonieren".
Teilnehmerzahl: Gruppen zu 6 (oder zu 3) Personen.
Ungefähre Spieldauer: 20 bis 30 Minuten.
Material: Pro Gruppe eine Fotokopie des kompletten Satzes von 6 Rollenkarten, bereits in einzelne Karten zerschnitten.

Redemittel: Ja, bitte?

Guten Tag, hier ist ... *(+ Name / Person)*. Ich würde gern mit ... *(+ Name / Person)* sprechen.

Könnte ich bitte Herrn/Frau ... *(+ Name)* sprechen?

Ich bin am Apparat.

Ich möchte mich bei Ihnen darüber beschweren, dass ... .

Wären Sie bitte so freundlich und ...?

Würden Sie bitte dafür sorgen, dass ...?

Könnten Sie bitte veranlassen, dass ...?

Es stört mich, dass ... .

Ich kann es nicht länger hinnehmen, dass ... .

Es ist unerhört, dass ... .

Ich mache Ihnen ein Angebot: ... .

Was halten Sie von folgendem Vorschlag? ... .

Ich mache Ihnen einen anderen Vorschlag: ... .

Nein, also, so einfach geht das nicht!

Nein, damit bin ich überhaupt nicht einverstanden, weil ... .

Wir könnten uns vielleicht einigen, wenn Sie ... *(+ Konjunktiv II)*.

Damit könnte ich leben.

Das wäre eine Möglichkeit.

Darüber ließe sich reden.

Gut, einverstanden.

Auf Wiederhören.

Spielvorschlag

Der Kurs wird in Gruppen zu 6 Personen aufgeteilt. Jeder Mitspieler erhält eine Rollenkarte, auf der seine Telefonnummer, seine Identität, sein Beschwerdegrund sowie die Telefonnummer der Person steht, bei der er sich beschweren soll. Wenn die Teilnehmer sich ein wenig auf ihre Rolle vorbereitet haben, geht es los:

Die Mitspieler jeder Gruppe sitzen im Kreis, mit dem Gesicht nach außen, weil man sich beim Telefonieren nicht sieht. Wenn die Akustik des Raumes, in dem mehrere Gruppen sitzen, nicht gut genug ist, kann hierauf auch verzichtet werden. Der erste Mitspieler spricht die Telefonnummer aus, die er anrufen soll, der „Angerufene" meldet sich. Der Anrufer bringt seine Beschwerde vor, telefonisch wird die Sache verhandelt. Jeder Mitspieler muss eine Beschwerde vorbringen und von einer anderen Person eine Beschwerde entgegennehmen. Die Rollenkarten sind so konzipiert, dass eine Lösung des Konfliktes möglich ist. Zum Beispiel: Annedore Hartmann beschwert sich bei der Rezeption des Hotels über Autolärm, Waldemar Kerner kann ihr ein um 50 DM teureres Zimmer zum Innenhof anbieten.

Wenn die Kursgröße keine Gruppen zu 6 Personen zulässt, können auch Gruppen zu 3 Personen gebildet werden. Dies ist möglich, weil jeweils 3 Rollenkarten inhaltlich miteinander verbunden sind.

Es gehören zusammen:
Herbert Müller, Jonas Bergheimer und Marlies Stenzel,
Annedore Hartmann, Waldemar Kerner und Susi Vogel.

23 Familienessen

Sprechintentionen: Personen identifizieren nach Äußerem, Verwandtschaftsbeziehungen und örtlichen Angaben. Über Umstände, Gespräche und Handlungen in der Vergangenheit sprechen.

Fertigkeiten: Lesen, sprechen, hören, schreiben.

Grammatik/Wortschatz: Ortspräpositionen, Imperfekt, Perfekt, indirekte Rede; Wortfelder „Äußeres von Personen" und „Verwandtschaftsbeziehungen".

Teilnehmerzahl: Gruppen zu 14 Personen.

Ungefähre Spieldauer: 20 Minuten.

Material: Pro Gruppe eine Fotokopie des Tisches mit angedeuteten Sitzplätzen, eine Fotokopie aller Personenkarten, eine Fotokopie aller Abbildungen der Personen. Die Personenkarten und die Abbildungen der Personen sollten bereits zerschnitten sein.

Redemittel: Wer hat links/rechts neben dir gesessen?

Wer hat dir gegenüber gesessen?

Wer hat zu deiner Linken/Rechten gesessen?

Worüber hast du mit der Person links/rechts/gegenüber von dir gesprochen?

Worüber hast du dich mit deinen Sitznachbarn unterhalten?

Wie sah der/die aus?

Was hat die Person links/rechts/gegenüber von dir gemacht?

Spielvorschlag

Der Kurs wird in Gruppen zu 14 Personen unterteilt. Allen Teilnehmern wird erklärt, dass die Großeltern am letzten Sonntag ihre goldene Hochzeit gefeiert und ein großes Essen gegeben haben. Deshalb muss über das Familienessen in der Vergangenheit geredet werden. Es geht jetzt darum, im Nachhinein die Sitzordnung am Tisch an jenem Abend noch einmal zu rekonstruieren. Zu diesem Zweck erhält jede Gruppe eine Skizze des Tisches und der leeren Sitzplätze. Jedes Gruppenmitglied erhält eine Abbildung einer Person sowie die dazugehörige Personenkarte mit der Beschreibung der Aktivitäten dieser Person während des Essens. Es geht darum, durch die Gespräche, die Angaben zum Äußeren der Personen und durch ihre Verwandtschaftsbeziehungen herauszufinden, wer die jeweiligen Sitznachbarn waren, wer genau auf welcher Seite neben wem gesessen hat. Um das herauszubekommen, stellen sich die Gruppenmitglieder gegenseitig Fragen und machen sich Notizen über die Informationen, die sie erhalten. Es ist nicht erlaubt, Fragen in die Gruppe hinein zu stellen, wie zum Beispiel: „Wer von euch ist Dieter?" In dem Maße, wie nach und nach durch die Gespräche der Gruppenmitglieder die Sitzordnung klar wird, werden die Abbildungen auf die entsprechenden leeren Sitzplätze in der Skizze gelegt.

Die richtige Sitzordnung ist, beginnend mit der Gastgeberin und dann entgegen dem Uhrzeigersinn: 1. Marta, 2. Rüdiger, 3. Susanne, 4. Steffi, 5. Johannes, 6. Hildegard, 7. Herbert, 8. Heinz, 9. Barbara, 10. Stefan, 11. Birgit, 12. Annemie, 13. Dieter, 14. Artur. In dieser Reihenfolge erscheinen sie auch auf den Abbildungen und den Personenkarten im Buch, die natürlich zerschnitten werden müssen.

Wenn der Kurs nicht genügend Teilnehmer hat, um zwei oder mehr vollständige Gruppen zu bilden, so können in einer Gruppe mit weniger als 14 Mitgliedern auch mehrere Personen von einem Gruppenmitglied übernommen werden.

Nach Beendigung des Spiels können die Personenkarten, die durchweg im Imperfekt geschrieben sind, umgeschrieben werden in persönliche Erlebnisberichte, bei denen das Perfekt verwendet wird.

24 Soll in der Schule geküsst werden?

Sprechintentionen: Diskutieren. Jemanden überzeugen.
Fertigkeiten: Sprechen, hören.
Wortschatz: Formulierungen zur Meinungsäußerung.
Teilnehmerzahl: Gruppen zu 5 Personen.
Ungefähre Spieldauer: 10 bis 15 Minuten.
Material: Pro Gruppe 5 Rollenkarten, in einzelne Karten zerschnitten.

Redemittel: Ich bin der Meinung, dass ... .
Ich finde, dass ... .
Meiner Meinung nach ... .
Nach meiner Ansicht ... .
Das finde ich nicht richtig, weil ... .
Da bin ich anderer Meinung: ... .
Das sehe ich anders: ... .
Damit bin ich nicht einverstanden.
Nein, das kommt überhaupt nicht in Frage.
Also, wenn es nach mir ginge, dann ... .

Spielvorschlag

Der Lehrer / Die Lehrerin erklärt den Kursteilnehmern, dass jedes Gruppenmitglied eine Rollenkarte erhält. Auf jeder Rollenkarte ist zu der Frage: „Soll in der Schule geküsst werden?" eine Meinung beschrieben. Diese Meinung sollen die Mitspieler in der Debatte vertreten. Allerdings sollen sie nicht nur vortragen, was ihre Rollenkarte ihnen vorschreibt, sondern sie sollen diese Argumentationslinie weiterentwickeln. Der Kurs wird in Gruppen zu 5 Personen aufgeteilt.

Jede Gruppe debattiert die Frage. Das Spiel ist beendet, wenn nach Meinung der Gruppe die Argumentationen sich nur noch wiederholen und nicht mehr weiterentwickelt werden. Ein Konsens oder eine Lösung der Streitfrage ist nicht beabsichtigt. Lässt sich der Kurs nicht in 5er-Gruppen einteilen, so kann man auch eine Rollenkarte weglassen und 4er-Gruppen bilden.

25 Liebe macht blind

Sprechintentionen: Persönliche Erlebnisse erzählen. Gemeinsamkeiten und Unterschiede zwischen Menschen beschreiben. Gefühle ausdrücken. Über Pläne sprechen.
Fertigkeiten: Sprechen, hören, schreiben.
Grammatik/Wortschatz: Perfekt, Imperfekt, Futur, Komparativ; Charaktereigenschaften.
Teilnehmerzahl: Gruppen zu 3 Personen.
Ungefähre Spieldauer: 30 bis 45 Minuten.
Material: Ein Würfel, pro Gruppe 12 Personenkarten, bereits in einzelne Karten zerschnitten, Schreibpapier.

Redemittel: Also, das war so: ... .
Das war vor zwei Jahren / drei Tagen, ...
Das kam ganz unerwartet.
Das fing ganz harmlos an.
Das war Liebe auf den ersten Blick.
Das habe ich / hat er / hat sie ganz geschickt eingefädelt: ... .
Wenn ich ehrlich bin: das war von langer Hand geplant.
Ich finde ihn/sie ... *(+ Adjektiv).*
Wir sind beide etwas/ziemlich/relativ/sehr ... *(+Adjektiv).*
Ich bin eher etwas ... *(+ Adjektiv), während er/sie eher ... (+ Adjektiv) ist.*
Ich finde, er/sie ist ... *(+ Adjektiv im Komparativ) als ich.*
Als Nächstes wollen wir ... .
Wir werden wahrscheinlich ... .
Wir würden gerne ... .
Wir haben vor, ...
Ich würde gerne ..., aber er/sie ... .

Spielvorschlag

Der Kurs wird in Gruppen zu 3 Personen aufgeteilt. Jede Gruppe erhält einen vollständigen Satz von 12 Personenkarten. Zunächst wird mit einem Würfel festgestellt, um welches Paar es gehen soll. Dazu würfelt ein Mitspieler der ersten Gruppe zweimal; einmal, um den Mann zu erwürfeln, einmal, um die Frau zu erwürfeln. Die gewürfelte Zahl entspricht der Zahl auf den Personenkarten. Dann würfelt ein Mitspieler der zweiten Gruppe. Um zu verhindern, dass zufällig wieder dasselbe Paar zustande kommt, sollte im Wiederholungsfall erneut gewürfelt werden. Auf diese Weise wird weitergewürfelt, bis jede Gruppe ein anderes Paar hat.
Nun erklärt der Lehrer / die Lehrerin dem Kurs, dass jede Gruppe eine Geschichte erfinden soll, wie die Beziehung ihres wahrscheinlich sehr unterschiedlichen Paares zustande gekommen ist. Jede Gruppe verfasst zu diesem Zweck ein Interview mit ihrem Paar, in dem möglichst beide auf folgende Fragen antworten sollen:

Wann habt ihr euch kennengelernt?
Wo habt ihr euch kennengelernt?
Wie ist das passiert?
Warum habt ihr euch verliebt?
Was habt ihr gemeinsam und worin seid ihr unterschiedlich?
Was für Pläne habt ihr für die Zukunft?

Diese Fragen sollten an der Tafel stehen und sind für alle Gruppen verbindlich. Es ist klar, dass bei diesem Spiel ganz stark die Phantasie gefragt ist. Jede Gruppe schreibt ihr Interview, und am Ende des Spiels stellen sich die Gruppen ihre Paare und ihre Geschichten gegenseitig vor. Dazu befragen sich die Gruppen gegenseitig. Jedes Gruppenmitglied trägt nun die Beantwortung von zwei Fragen vor. Allerdings werden jetzt nicht die Antworten des Paares vorgelesen, sondern die Gruppenmitglieder erzählen *über* ihr Paar.

26 Im Mädchenwohnheim

Sprechintentionen: Sich in unerwarteten Situationen behaupten.
Fertigkeiten: Sprechen, hören.
Wortschatz: Fragen, Protestieren, Bekräftigen.
Teilnehmerzahl: Gruppen zu 3 Personen.
Ungefähre Spieldauer: 10 bis 15 Minuten.
Material: Pro Gruppe 3 Rollenkarten, in einzelne Karten zerschnitten.

Redemittel: Wie bitte? Das kann gar nicht sein!
Das ist vollkommen unmöglich!
Das war in Wirklichkeit ganz anders!
Also, passen Sie mal auf! Das war folgendermaßen: ... .
Wie war es denn nun wirklich?
Wem soll ich denn hier glauben?
Glauben Sie mir etwa nicht?
Es war so, wie ich es Ihnen sage! So und nicht anders!
Ich habe es doch selbst erlebt!
Also, das stimmt so nicht!

Spielvorschlag

Vorweg einige Erklärungen zum Prinzip dieses Rollenspiels: Diese Erklärungen sind nur für die Lehrer/innen gedacht, nicht für die Kursteilnehmer.

Das Spiel ist folgendermaßen aufgebaut: Zunächst spielen zwei Personen eine Konfliktsituation. Die eine Person ist eine Autorität (der Direktor / die Direktorin), die andere Person eine Untergebene (Annegrete Fuchs). Annegrete Fuchs weiß etwas, was die Direktion nicht weiß. Gleichzeitig vermutet die Direktion etwas, wovon Annegrete Fuchs nichts weiß. Dann gibt es eine dritte Person, die zunächst nicht auftritt: Brigitte Waldmann. Die Direktion ist der Meinung, dass Brigitte Waldmann auf ihrer Seite einspringen wird, Annegrete Fuchs ist ebenfalls der Meinung, daß Brigitte Waldmann auf ihrer Seite einspringen wird. Wenn beide der Meinung sind, dass man jetzt Brigitte Waldmann hören sollte, wird sie hinzugeholt. Das Gespräch zwischen Direktion und Annegrete Fuchs bis zu diesem Zeitpunkt darf sie nicht gehört haben! Ab jetzt wird das Gespräch zu dritt geführt. Brigitte Waldmann bringt eine Version, die sich frontal gegen Annegrete Fuchs wendet und die die Vermutungen der Direktion noch übersteigt. Es hängt von den Reaktionen der Direktion und von Annegrete Fuchs in dieser neuen Situation ab, wie das Spiel endet.

Den Kursteilnehmern wird Folgendes erzählt:
Es spielen drei Personen mit: der Direktor / die Direktorin eines Mädchenwohnheims und zwei Bewohnerinnen dieses Heims, Annegrete Fuchs und Brigitte Waldmann. Es gibt ein Problem im Mädchenwohnheim. Darüber sprechen Annegrete Fuchs und die Direktion zunächst zu zweit, Brigitte Waldmann darf nicht mithören. Die beiden entscheiden während des Gesprächs, wann Brigitte Waldmann hinzugeholt werden soll. Erst jetzt findet das Gespräch zu dritt statt. Die drei können frei entscheiden, wie der Konflikt gelöst wird und wie das Spiel endet.

Nun wird der Kurs in Gruppen zu 3 Personen aufgeteilt, und die Rollenkarten werden verteilt. Die Mitspieler dürfen sich ihre Rollenkarten auf keinen Fall zeigen! Nach Beendigung des Spiels sollte im Kurs zur Aufklärung der Situation über die Rollenkarten gesprochen werden.

27 Touristen in Hamburg

Sprechintentionen: Informationen erfragen und geben: Preise, Fahr- und Flugpläne, Öffnungzeiten, Leistungen. Entscheidungen treffen.
Fertigkeiten: Lesen, sprechen, hören, schreiben.
Wortschatz: Wortfeld „Ferien / Urlaub": Unterkunft, Transportmittel, Veranstaltungen, Freizeitunternehmungen.
Teilnehmerzahl: Gruppen zu 12 Personen.
Ungefähre Spieldauer: 30 bis 45 Minuten.
Material: Je eine Fotokopie der 8 Rollenkarten, bereits zerschnitten in einzelne Karten, und der 4 Informationsseiten.

Redemittel: Können Sie mir bitte sagen,	
Wissen Sie,	ob ...?
Ich möchte gerne wissen,	was ...?
Ich wollte fragen,	wie ...?
Ich wüsste gerne,	wann ...?

Ich hätte gerne Informationen über ... .
Welche Leistungen bietet das Hotel ...?
Für mich ist es wichtig, dass ... .
Wieviel kostet ...?
Wie komme ich am besten nach/zum/zur ...?
Um wieviel Uhr geht/fährt/fliegt ein ... nach ...?
Wie lange fahre/fliege ich da?
Um wieviel Uhr komme ich dort an?
Um wieviel Uhr öffnet/schließt/beginnt ...?
Wo liegt das bitte?
Wie lautet die genaue Adresse?
Gut, dann möchte ich gerne ... für ... reservieren.
Ich glaube, dann nehme ich ... .
Dann ist es wohl das Beste, ich nehme/reserviere ... .

Spielvorschlag

In der Mitte des Raumes werden vier Tische aufgestellt, die die verschiedenen Abteilungen der Tourismus-Zentrale Hamburg darstellen sollen. Bei mehr als einer Gruppe müssen die Tische entsprechend anders gestellt werden. Nun werden die Rollen verteilt. Es gibt in jeder Gruppe 8 Touristenkarten. Die Touristen haben ganz bestimmte Merkmale und Wünsche/Bedürfnisse. Außerdem gibt es in jeder Gruppe 4 Angestellte der Tourismus-Zentrale Hamburg, die die 4 Abteilungen „Hotels", „Transportmittel", „Ausflüge" und „Veranstaltungen und Sehenswürdigkeiten" betreuen. Natürlich benötigen alle Mitspieler mehrere Minuten, um sich in ihre Rollen bzw. Informationsübersichten hineinzufinden.

Die Touristen gehen nun zu den verschiedenen Informationsabteilungen der Tourismus-Zentrale Hamburg und erfragen die Informationen, die sie benötigen. Jeder Tourist muss Antworten auf die Fragen erhalten, die auf seiner Rollenkarte stehen. Die erhaltenen Auskünfte notiert sich jeder auf einem Blatt Papier. Nach Beendigung des Spiels können im Kurs die erhaltenen Informationen und getroffenen Entscheidungen miteinander verglichen werden.

Sollte die Kursteilnehmerzahl sich nicht glatt in Gruppen zu 12 Personen aufteilen lassen, können entweder einige Touristenkarten doppelt oder weniger Karten ausgegeben werden.

28 Im Flugzeug

Sprechintentionen: Eine Konversation führen über Privatleben, Berufsleben und Urlaub. Bestimmten Gesprächsthemen ausweichen.
Fertigkeiten: Sprechen, hören.
Wortschatz: Wortfelder „Familie", „Beruf", „Urlaub".
Teilnehmerzahl: Gruppen zu 3 Personen.
Ungefähre Spieldauer: 10 bis 15 Minuten.
Material: Pro Gruppe 3 Rollenkarten, in einzelne Karten zerschnitten.

Redemittel: Darf ich Sie mal fragen, was Sie beruflich machen?
Ja, über meine Familie könnte ich noch viel mehr erzählen. Aber vielleicht möchten Sie ja auch ein wenig erzählen?
Ach, lassen wir das lieber.
Also, wenn ich ehrlich bin, darüber spreche ich nicht so gerne.
Ich muss gestehen, dass es mir unangenehm ist, darüber zu reden.
Wollen wir nicht lieber ...?
Wie wär's denn mit ...?
Ehrlich gesagt, ungern.
Das ist ein ausgezeichneter Vorschlag!
Sagen Sie, sind wir uns nicht schon irgendwo mal begegnet?
Ich glaube, von irgendwoher kenne ich Sie.
Das kann ich mir gar nicht vorstellen.
Das halte ich für ausgeschlossen.
Das muss eine Verwechslung sein.

Spielvorschlag

Vorweg einige Erklärungen, die nur für die Lehrer/innen gedacht sind, nicht für die Kursteilnehmer:

Allen drei Teilnehmern ist als einzige gemeinsame Information bekannt, dass sie in einem Flugzeug von Frankfurt nach Mexiko-City sitzen. Ansonsten bekommt jeder Teilnehmer andere Informationen. Jeder Teilnehmer bekommt ein Tabu, also etwas, worüber er auf keinen Fall sprechen darf, unter Androhung teilweise schlimmster Konsequenzen. Mindestens ein anderer Teilnehmer hat aber jeweils die Anweisung, ein Gespräch über gerade diese Tabus zu beginnen. Außerdem bekommt jeder die Anweisung, zu versuchen, das Gespräch zu lenken. Das Spiel ist beendet, wenn die Sache mit den Tabus geplatzt ist. Letztendlich bildet sich der/die Kommissar/in ein, den Terroristen / die Terroristin enttarnt zu haben, und verhält sich entsprechend.

Den Kursteilnehmern wird Folgendes erzählt:

Die drei Personen sitzen im Flugzeug nebeneinander in einer Reihe. Das Flugzeug fliegt von Frankfurt nach Mexico-City. Die drei kommen miteinander ins Gespräch und verhalten sich dabei so, wie ihre Rollenkarten es ihnen vorschreiben. Die Teilnehmer dürfen sich ihre Rollenkarten auf keinen Fall zeigen. Das Spiel ist beendet, wenn alle Teilnehmer ihre Anweisungen durchgeführt haben.

Nun wird der Kurs in Gruppen zu 3 Personen aufgeteilt, und die Rollenkarten werden verteilt. Nach Beendigung des Spiels wollen die Lernenden gewöhnlich wissen, wer denn nun wirklich der/die Terrorist/in war. In dieser Situation sollte geklärt werden, womöglich durch Vorlesen der Rollenkarten, dass es gar keine Terroristen gab, dass der/die Kommissar/in sich durch die Vorab-Informationen den Rest nur eingebildet hat.

29 Biographie

Sprechintentionen: Ereignisse in der Vergangenheit erzählen.
Fertigkeiten: Lesen, sprechen, hören, schreiben.
Grammatik: Imperfekt.
Teilnehmerzahl: Gruppen zu 3 Personen.
Ungefähre Spieldauer: 30 bis 45 Minuten.
Material: Pro Gruppe je eine Fotokopie aller drei Textblätter mit einem Teil der Biographie.

Redemittel: Was geschah im Jahre 1929?
Was passierte 1948?
Was machte Marlene 1973?
Was machte Marlene zwischen 1929 und 1937?
Wo hielt sich Marlene dann auf?
Was tat sie als Nächstes?
Und wie ging es weiter?
Was geschah als Nächstes?
1924 ... .
Im Jahre 1953 ... .
Zwischen 1973 und 1979 ... .

Spielvorschlag

Der Kurs wird in Gruppen zu 3 Personen aufgeteilt, und der Lehrer / die Lehrerin erläutert die Situation: Eine bekannte Kulturzeitschrift möchte eine Artikelreihe veröffentlichen mit dem Titel: „Berühmte Frauen des 20. Jahrhunderts". Die 3 Gruppenmitglieder sind jeweils die 3 Journalisten, die damit beauftragt worden sind, die Biographie von Marlene Dietrich (1901 – 1992) zu schreiben. Der Lehrer / Die Lehrerin schreibt den Namen, das Geburtsdatum sowie das Todesdatum an die Tafel. Jedes Gruppenmitglied hat den Auftrag, über einen Teil des Lebens von Marlene Dietrich Informationen zu besorgen.

Nun geht es darum, dass die 3 Journalisten ihre Biographie vervollständigen. Dazu erhält jedes Gruppenmitglied ein Blatt mit den wichtigsten Lebensdaten von Marlene Dietrich, aber nur mit einem Teil der Informationen zu diesen Daten. Die Gruppenmitglieder lesen sich ihre Teilbiographien durch, die im Präsens geschrieben sind. Die Mitspieler sollen sich ihre Texte nicht zeigen, sondern den Inhalt erfragen und sich gegenseitig erzählen, und zwar in der Vergangenheit, also im Imperfekt. Zur Umformung vom Präsens ins Imperfekt – die Verbformen, die umgeformt werden sollen, sind in den Texten (S.106 – 108) unterstrichen – kann sich jeder vorher Notizen machen. Die Gruppenmitglieder, die gerade einen Teil der Biographie erzählt bekommen, schreiben mit, was ihnen ihr Mitspieler diktiert. Wenn der erste Teil der Biographie fertig erzählt und mitgeschrieben worden ist, wird die Biographie von den anderen Mitspielern in chronologischer Reihenfolge weitererzählt. Das Spiel ist beendet, wenn die Gruppe ihre Biographie fertiggestellt hat.

Abschließend können die Gruppenversionen mit der Lehrerversion verglichen werden. Allerdings sollten sprachlich richtige Versionen auch als vollwertig akzeptiert werden, wenn sie nicht wörtlich mit der Lehrerversion übereinstimmen.

30 Märchensalat

Sprechintentionen: Vergangene Geschichten und Märchen erzählen.
Fertigkeiten: Sprechen, schreiben, hören, lesen.
Grammatik / Wortschatz: Imperfekt; Wortfeld „Märchen".
Teilnehmerzahl: Gruppen zu 4 oder 6 Personen.
Ungefähre Spieldauer: 30 bis 45 Minuten.
Material: Pro Gruppe eine Kopie aller 24 Bildkarten, bereits in einzelne Karten zerschnitten, Schreibpapier.

Redemittel: Es war einmal ein/e … .
Es ist schon sehr lange her, da … .
Es begab sich einmal, dass … .
Vor alten Zeiten trug es sich zu, dass … .
Eincs Tages … .
Da trug es sich einmal zu, dass … .
Nun geschah es, dass … .
Auf einmal … .
Plötzlich … .
Zur gleichen Zeit … .
Und während … .
Etwas später … .
Kurz darauf … .
Und so lebten sie glücklich bis ans Ende ihrer Tage.
Und wenn er/sie/es nicht gestorben ist/sind, dann lebt/leben er/sie/es noch heute.

Spielvorschlag

Vor Spielbeginn ist es auf jeden Fall nötig, mit dem Kurs das Wortfeld „Märchen" zu erarbeiten. Dazu gehören nicht nur die Bildunterschriften der 24 Bildkarten, sondern auch Begriffe wie:

jemanden verzaubern in + Akk.	*kämpfen*
jemanden verhexen	*jemanden befreien*
sich verwandeln in + Akk.	*verwunschen*
sich verlaufen	*verzaubert*
jemanden vom Zauber erlösen	*verhext*

Der Kurs wird nun in Gruppen zu 4 oder 6 Personen aufgeteilt. Jede Gruppe erhält einen vollständigen Satz aller 24 Bildkarten, bereits zerschnitten in einzelne Karten. Jede Gruppe hat die Aufgabe, ein Märchen zu verfassen, für das alle Bildkarten verwendet werden müssen.

Variante 1: Die Bildkarten werden zu gleichen Teilen an die Gruppenmitglieder verteilt. Ein Mitspieler beginnt mit dem Märchen, indem er eine seiner Bildkarten auf den Tisch legt und dazu passend einen oder mehrere Sätze sagt, beginnend z. B. mit: „Es war einmal ... ." Dann schreibt dieser Mitspieler sofort das Gesagte auf ein Blatt Papier, damit das Märchen nicht verlorengeht, und gibt das Blatt im Uhrzeigersinn an den nächsten Mitspieler weiter. Dieser legt eine seiner Bildkarten, die er für passend hält, dazu und setzt das Märchen fort, usw. . Auf diese Weise entsteht auf dem Tisch ein aus 24 Bildkarten bestehendes Märchen, das gleichzeitig auf dem Papier stückweise aufgeschrieben wird. Hat ein Mitspieler einen neu hinzugefügten Satz oder den Zusammenhang nicht verstanden, so sollte dieser Sachverhalt zwischen allen Gruppenmitgliedern sofort besprochen und geklärt werden, bevor es weitergeht. Das Spiel ist beendet, wenn alle 24 Bildkarten verwendet worden sind.

Variante 2: Jede Gruppe erhält einen vollständigen Satz von 24 Bildkarten. Die Karten werden jedoch nicht unter die Mitspieler verteilt, sondern mit der Zeichnung nach unten in einem Stapel auf den Tisch gelegt. Reihum nimmt nun jeder Spieler, jedesmal wenn er dran ist, eine Karte auf und muss sie sofort anlegen und seine dazugehörigen Sätze aufschreiben. Diese Variante ist schwieriger, weil die Spieler hier nicht aussuchen können, welches Bild ihnen am besten als Fortsetzung passt, sondern gezwungen sind, mit der erhaltenen Karte das Märchen fortzusetzen.

Nach Beendigung des Spiels können alle Märchen vor dem gesamten Kurs vorgelesen werden.

Kopiervorlagen

der Regenschirm	die Handschuhe	die Krawatte
die Badehose	die Socken	der Pelzmantel
die Bluse	das T-Shirt	der Anzug
der Pyjama	der Pullover	die Unterhose

die Stiefel	der Regenmantel	der Schal
die Jeans	das Kleid	die Jacke
das Hemd	die Strümpfe	der Schlüpfer
die Schuhe	die Hose	der Rock

die Schokolade	das Brot	der Kopfsalat
der Käse	das Mehl	die Paprikaschoten
die Kartoffeln	das Ei	die Zwiebel
die Birne	die Apfelsine	die Zitrone

die Butter	die Möhren	die Milch
der Schinken	der Zucker	das Würstchen
die Weintrauben	der Blumenkohl	die Suppe
die Banane	der Apfel	die Marmelade

Name:	Pietro (♂) / Marcella (♀) Martelli	**Name:**	Hans (♂) / Jet (♀) Haart
Land:	Italien	**Land:**	Holland
Wohnort:	Rom	**Wohnort:**	Amsterdam
Beruf:	Architekt/in	**Beruf:**	Bankangestellte/r

Name:	John (♂) / Patty (♀) Marlowe	**Name:**	Ratko (♂) / Samira (♀) Begovič
Land:	Irland	**Land:**	Bosnien
Wohnort:	Dublin	**Wohnort:**	Sarajevo
Beruf:	Lehrer/in	**Beruf:**	Arzt/Ärztin

Name:	Sean (♂) / Jessica (♀) Hillary	**Name:**	Gerd (♂) / Julia (♀) Hoffmann
Land:	England	**Land:**	Österreich
Wohnort:	London	**Wohnort:**	Wien
Beruf:	Ingenieur/in	**Beruf:**	Rentner/in

Name:	Sven (♂) / Brit (♀) Sörensen	**Name:**	Pierre (♂) / Nadine (♀) Dupont
Land:	Schweden	**Land:**	Frankreich
Wohnort:	Stockholm	**Wohnort:**	Paris
Beruf:	Mechaniker/in	**Beruf:**	Büroangestellte/r

Name:	Steve (♂) / Jessie (♀) Lieberman	**Name:**	Antonio (♂) / Carmen (♀) Morales
Land:	USA	**Land:**	Spanien
Wohnort:	Madison	**Wohnort:**	Madrid
Beruf:	Student/in	**Beruf:**	Steward/ess

Name:	Mikis (♂) / Nana (♀) Lainas	**Name:**	Jan (♂) / Silke (♀) Olsen
Land:	Griechenland	**Land:**	Dänemark
Wohnort:	Athen	**Wohnort:**	Kopenhagen
Beruf:	Rechtsanwalt / Rechtsanwältin	**Beruf:**	Krankenpfleger/Krankenschwester

Name:	Jacques (♂) / Lara (♀) van Dyk	**Name:**	Fernando (♂) / Lúcia (♀) Marques
Land:	Belgien	**Land:**	Portugal
Wohnort:	Brüssel	**Wohnort:**	Lissabon
Beruf:	Manager/in	**Beruf:**	Schauspieler/in

Name:	Paavo (♂) / Silja (♀) Kekkonen	**Name:**	Lech (♂) / Ewa (♀) Jarón
Land:	Finnland	**Land:**	Polen
Wohnort:	Helsinki	**Wohnort:**	Warschau
Beruf:	Versicherungsvertreter/in	**Beruf:**	Chemiker/in

Name: Martelli, **Land:** **Wohnort:** **Beruf:**	**Name:** Haart, **Land:** **Wohnort:** **Beruf:**
Name: Marlowe, **Land:** **Wohnort:** **Beruf:**	**Name:** Begovič, **Land:** **Wohnort:** **Beruf:**
Name: Hillary, **Land:** **Wohnort:** **Beruf:**	**Name:** Hoffmann, **Land:** **Wohnort:** **Beruf:**
Name: Sörensen, **Land:** **Wohnort:** **Beruf:**	**Name:** Dupont, **Land:** **Wohnort:** **Beruf:**
Name: Lieberman, **Land:** **Wohnort:** **Beruf:**	**Name:** Morales, **Land:** **Wohnort:** **Beruf:**
Name: Lainas, **Land:** **Wohnort:** **Beruf:**	**Name:** Olsen, **Land:** **Wohnort:** **Beruf:**
Name: van Dyk, **Land:** **Wohnort:** **Beruf:**	**Name:** Marques, **Land:** **Wohnort:** **Beruf:**
Name: Kekkonen, **Land:** **Wohnort:** **Beruf:**	**Name:** Jarón, **Land:** **Wohnort:** **Beruf:**

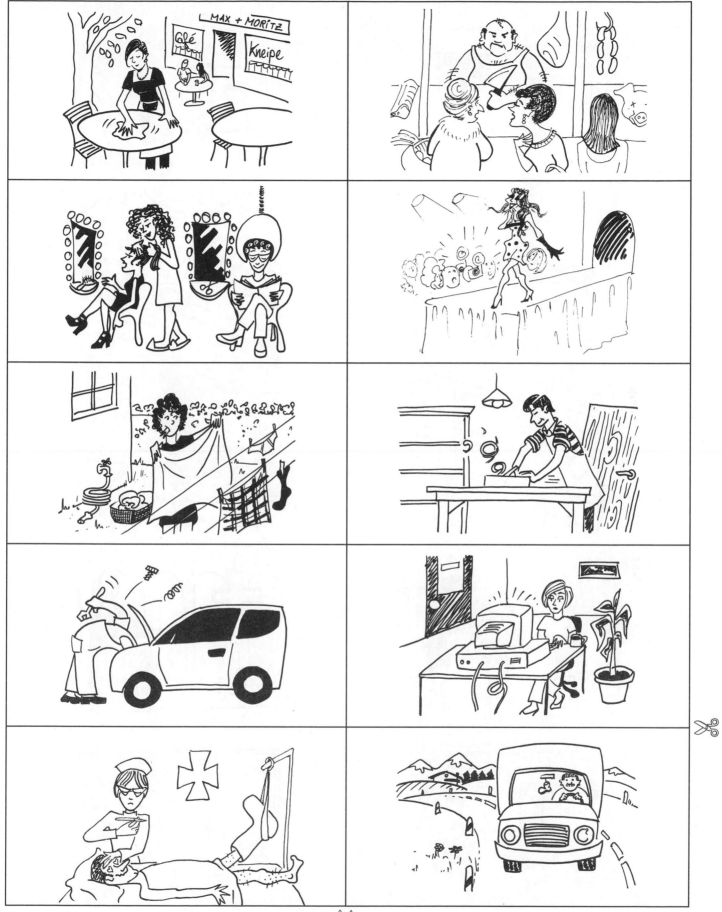

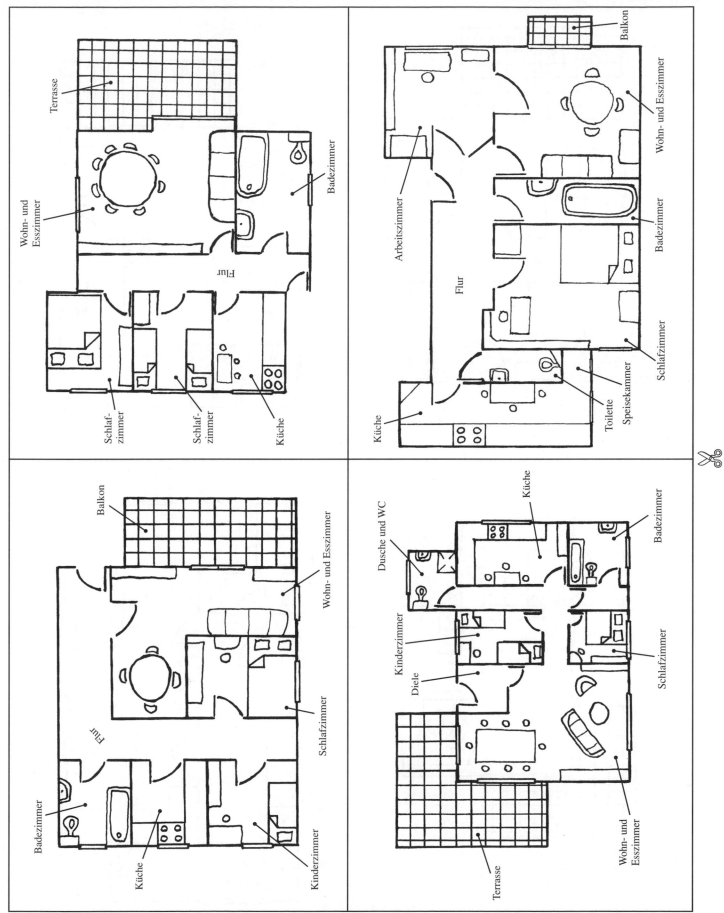

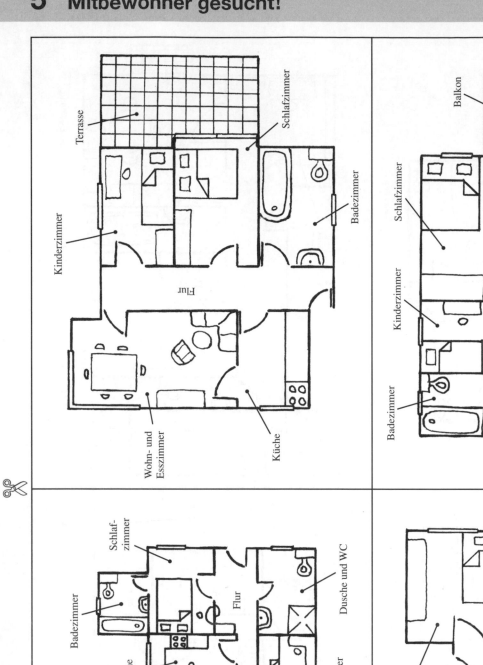

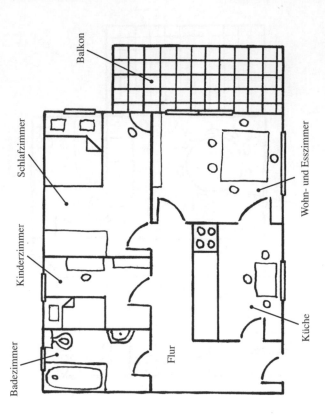

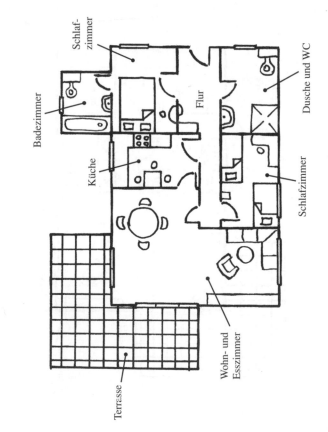

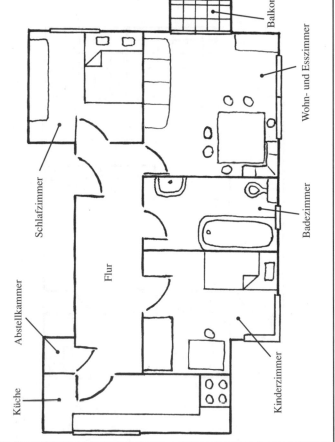

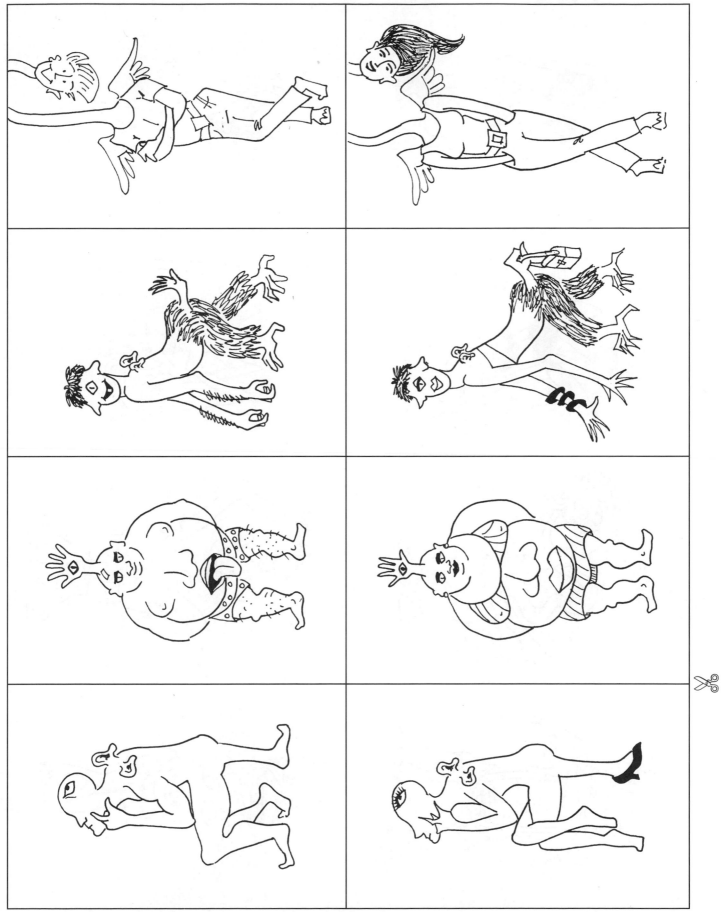

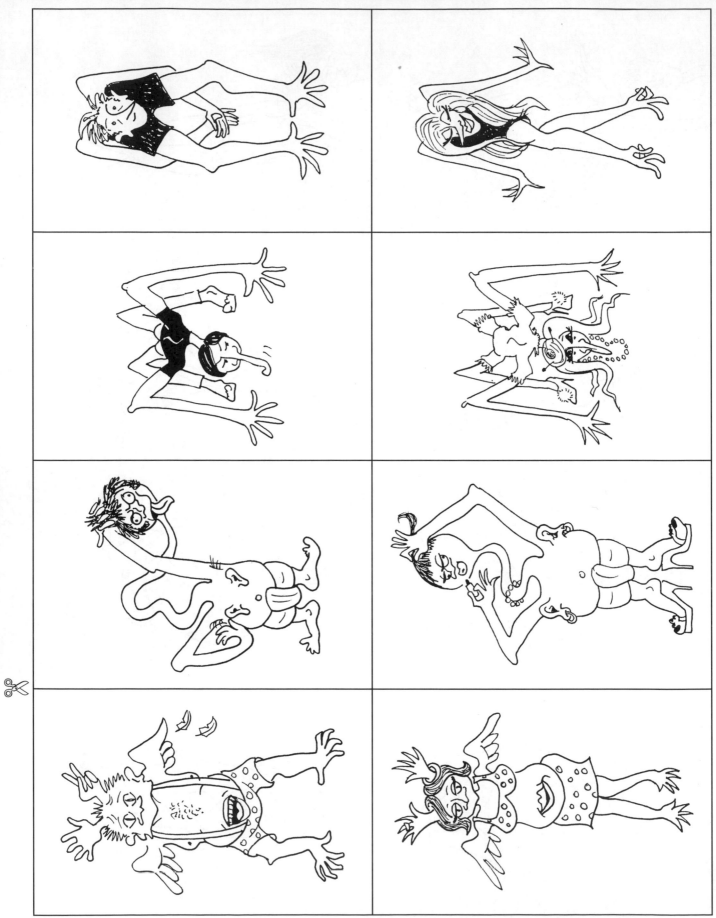

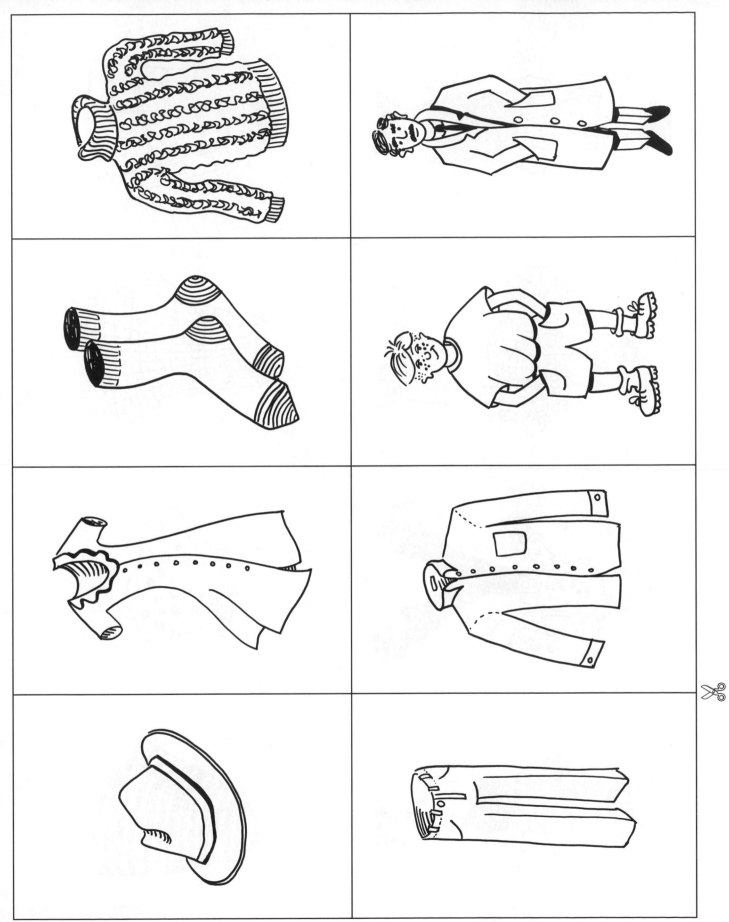

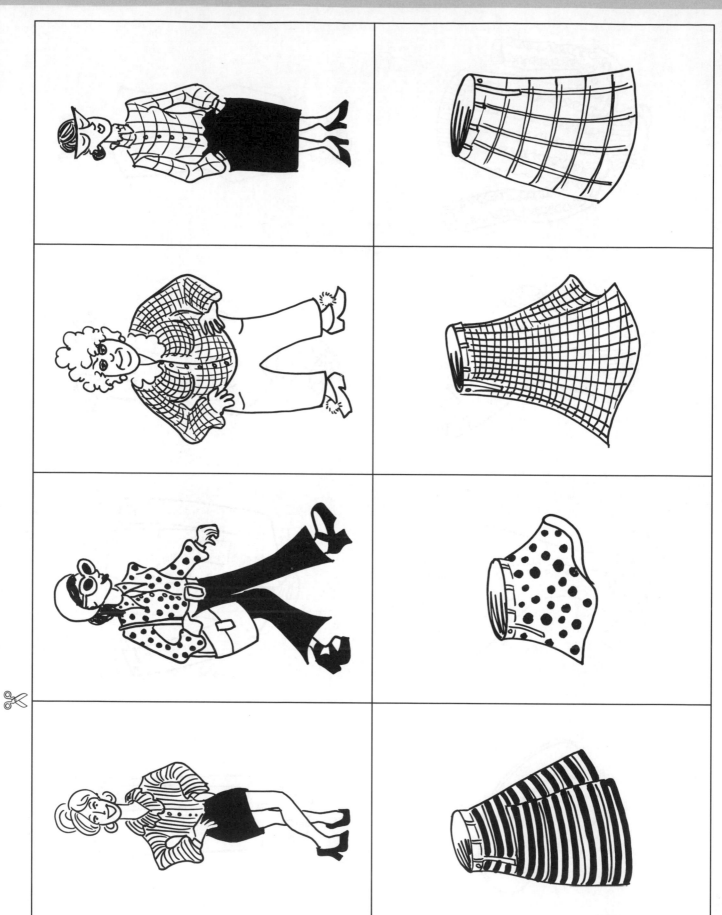

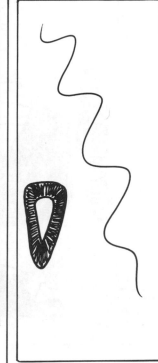

Preislisten

Junge Mode

Krawatten	22,99	DM
Lederhose	389,–	DM
Jeans	129,–	DM
Pullover	91,99	DM
Lederjacke	699,–	DM
Spazierstöcke	28,99	DM
hochhackige Damenschuhe	126,89	DM
Hausschuhe	34,49	DM
Armreife	80,49	DM

Dies und das

Abendkleid	799,–	DM
T-Shirts	22,99	DM
Halsketten	34,49	DM
Hemd	79,–	DM
BH (= Büstenhalter)	76,90	DM
Melone	45,99	DM
superbequeme Schuhe	91,90	DM
Damenstiefel	226,–	DM

secondhand

Nietengürtel	109,–	DM
Jackett	45,90	DM
Hemd	11,50	DM
Weste	22,90	DM
Wollsocken	34,–	DM
Hose	52,–	DM
Jeans	29,–	DM
Stiefel	23,–	DM
Hut	99,–	DM
Zylinder	57,50	DM
Fliege	5,75	DM

Boutique Adela

Kleid	809,–	DM
Kostüm	399,–	DM
Seidenstrümpfe	119,–	DM
Wollstrumpfhose	79,–	DM
Halstuch	68,90	DM
Ohrringe	34,–	DM
Baumwollsocken	46,–	DM
Fliege	22,90	DM
Lederjacke	699,–	DM
Cowboystiefel	309,–	DM

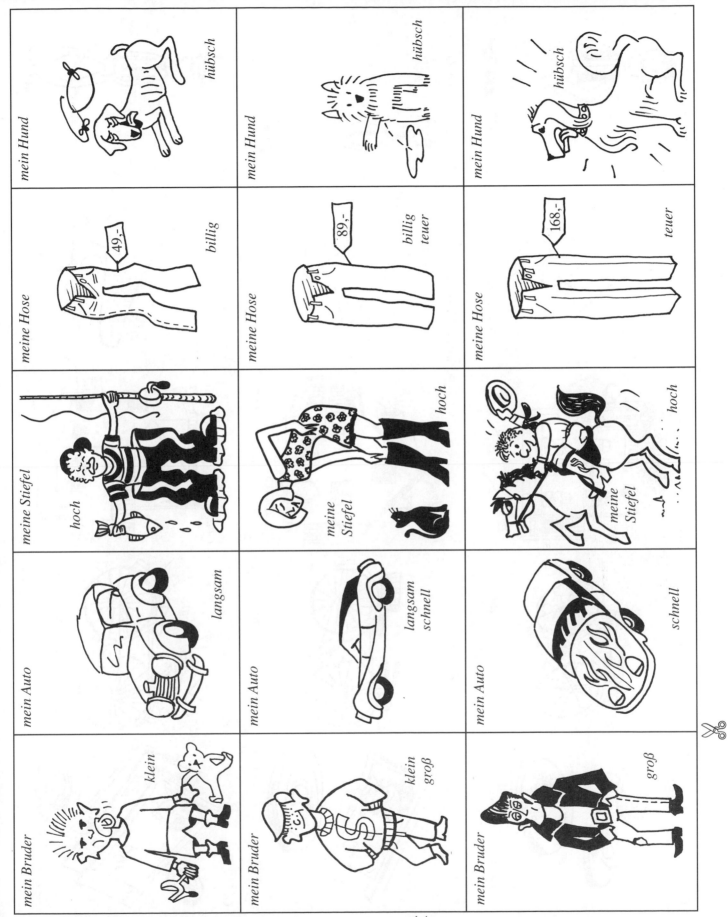

mein Hund — hübsch	mein Hund — hübsch	mein Hund — hübsch
meine Hose — billig (49,-)	meine Hose — billig / teuer (89,-)	meine Hose — teuer (168,-)
meine Stiefel — hoch	meine Stiefel — hoch	meine Stiefel — hoch
mein Auto — langsam	mein Auto — langsam / schnell	mein Auto — schnell
mein Bruder — klein	mein Bruder — klein / groß	mein Bruder — groß

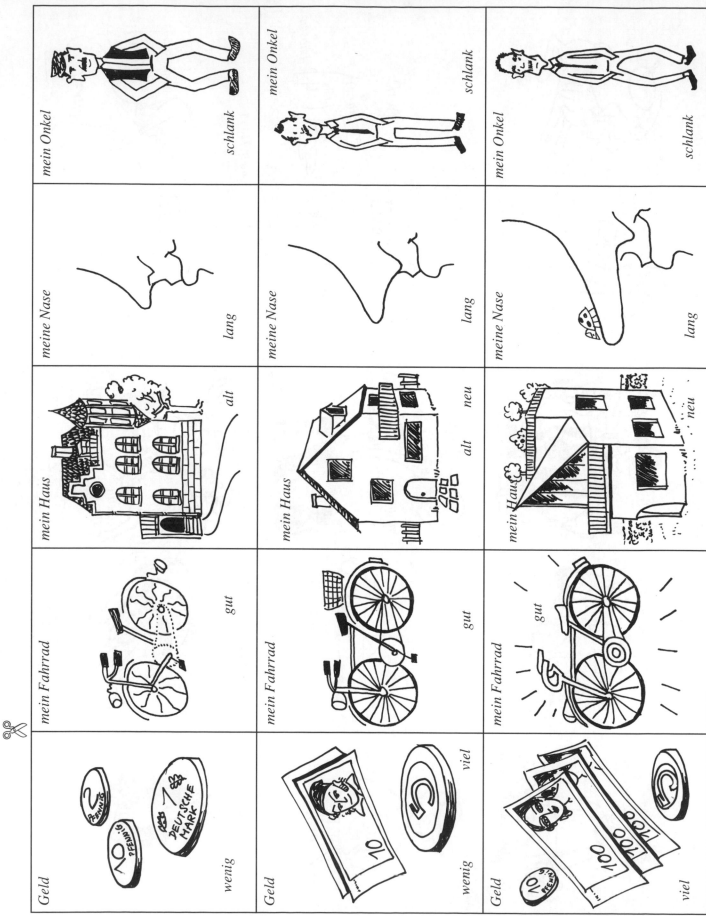

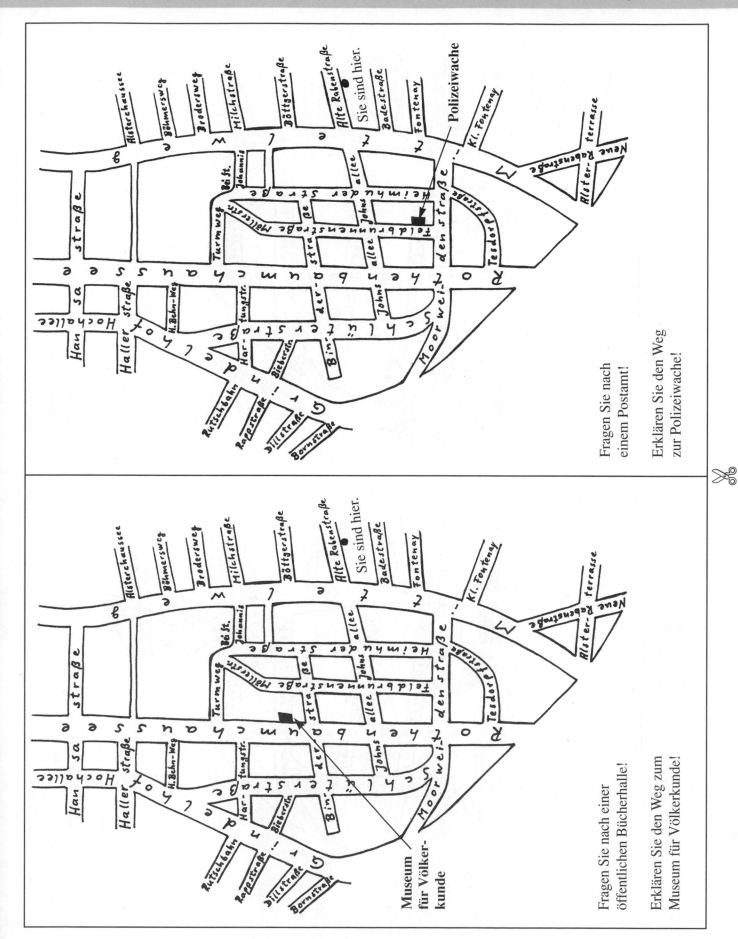

Fragen Sie nach
einem Postamt!

Erklären Sie den Weg
zur Polizeiwache!

Fragen Sie nach einer
öffentlichen Bücherhalle!

Erklären Sie den Weg zum
Museum für Völkerkunde!

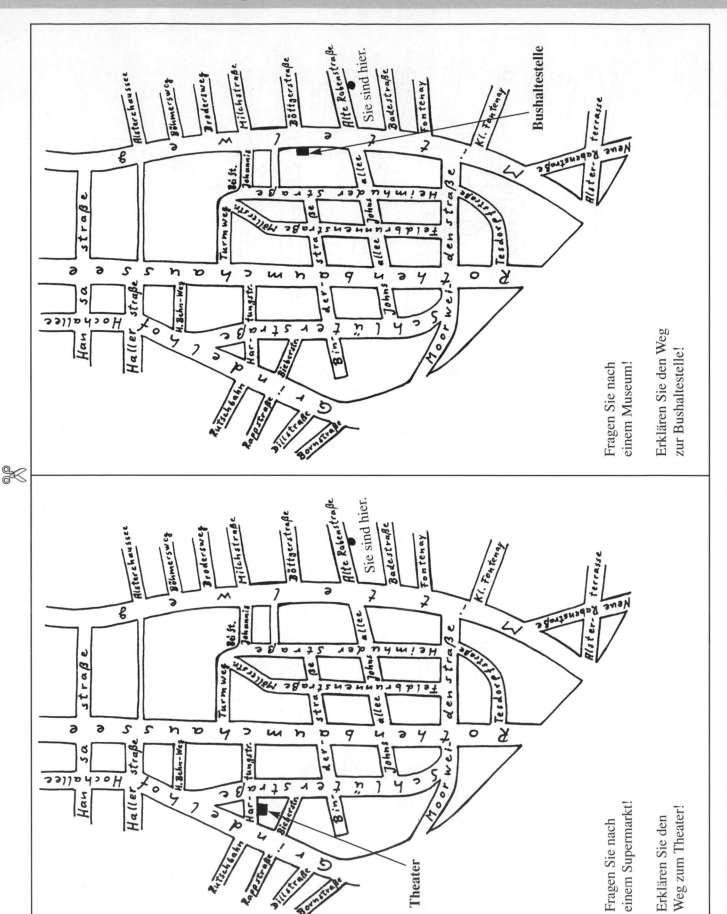

Fragen Sie nach
einem Museum!

Erklären Sie den Weg
zur Bushaltestelle!

Fragen Sie nach
einem Supermarkt!

Erklären Sie den
Weg zum Theater!

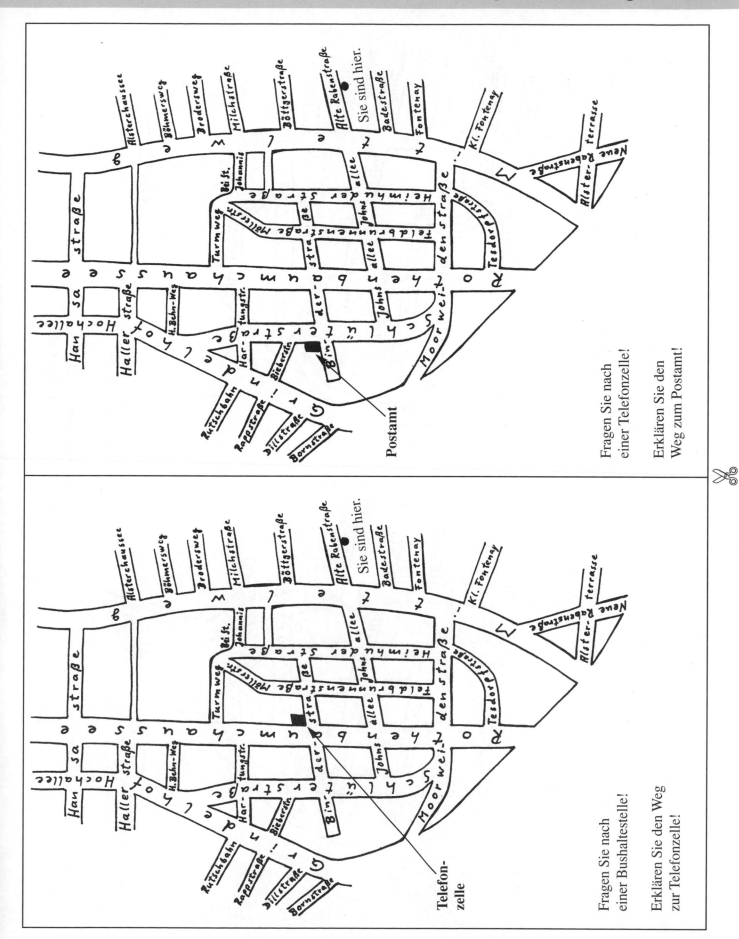

Fragen Sie nach
einer Telefonzelle!

Erklären Sie den
Weg zum Postamt!

Fragen Sie nach
einer Bushaltestelle!

Erklären Sie den Weg
zur Telefonzelle!

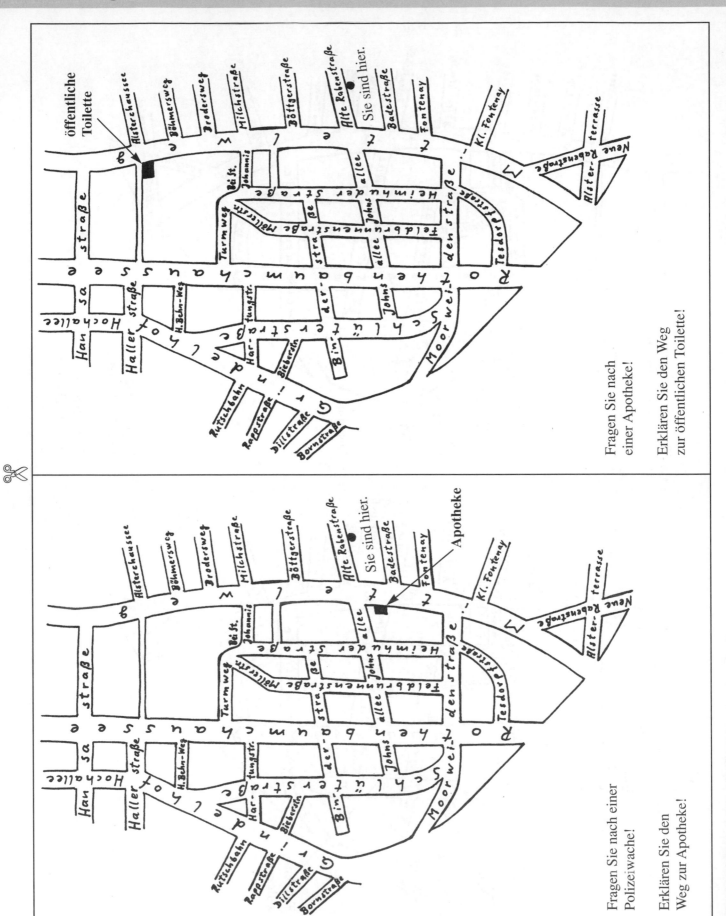

Fragen Sie nach
einer Apotheke!

Erklären Sie den Weg
zur öffentlichen Toilette!

Fragen Sie nach einer
Polizeiwache!

Erklären Sie den
Weg zur Apotheke!

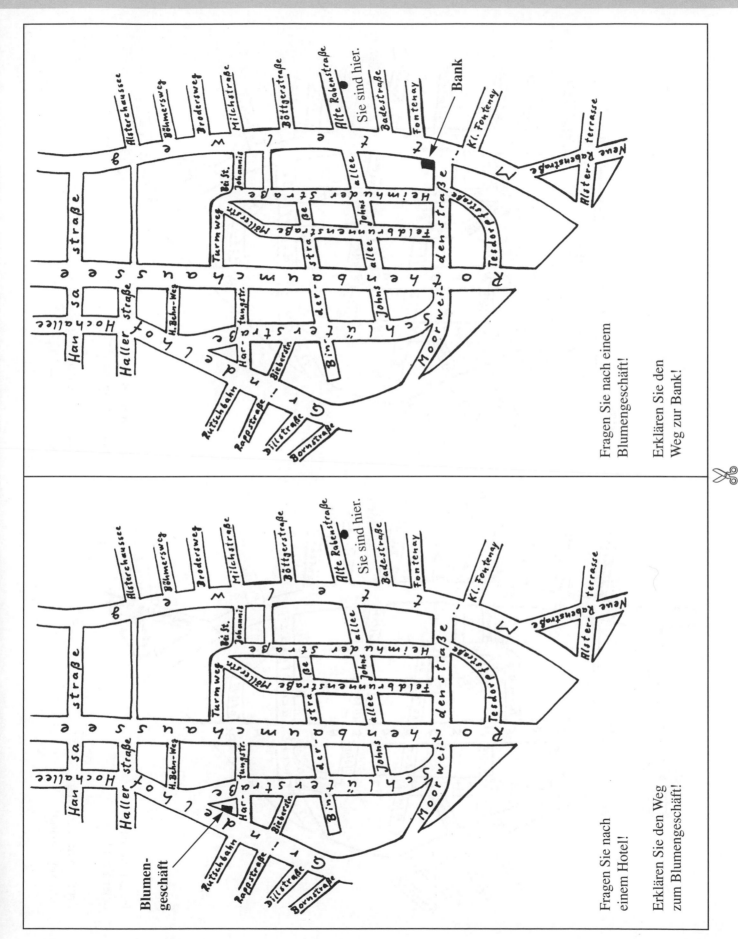

Fragen Sie nach einem
Blumengeschäft!

Erklären Sie den
Weg zur Bank!

Fragen Sie nach
einem Hotel!

Erklären Sie den Weg
zum Blumengeschäft!

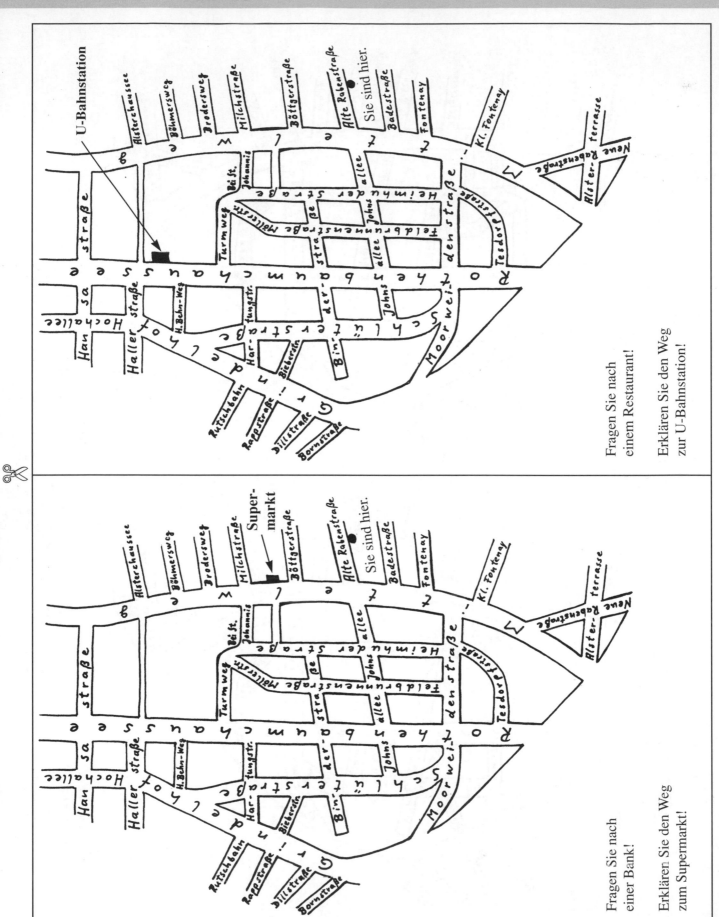

Fragen Sie nach
einem Restaurant!

Erklären Sie den Weg
zur U-Bahnstation!

Fragen Sie nach
einer Bank!

Erklären Sie den Weg
zum Supermarkt!

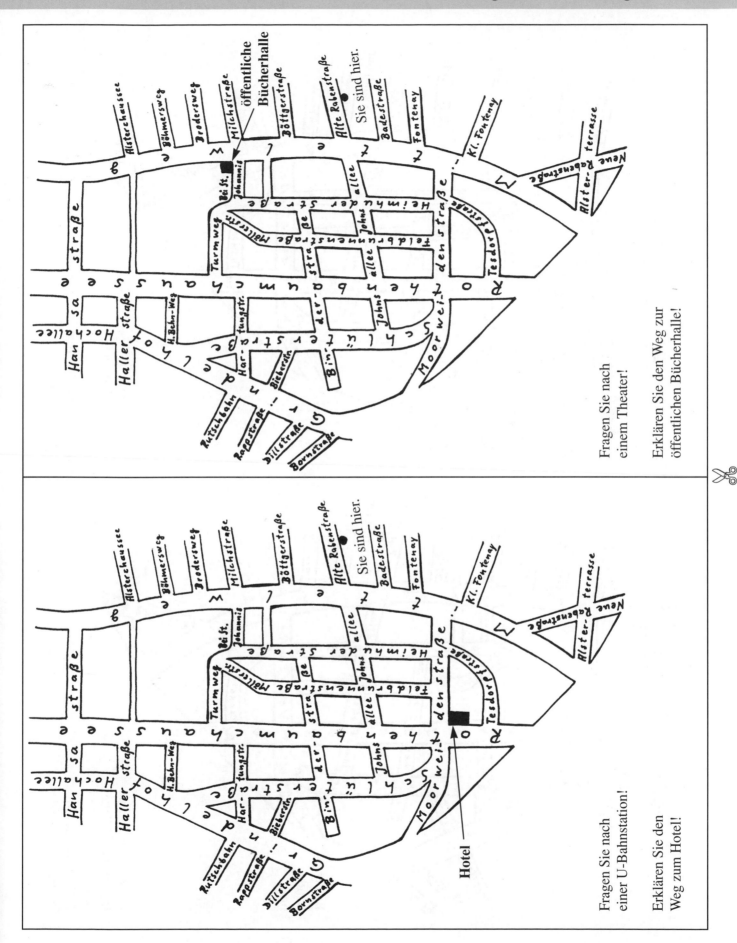

Fragen Sie nach
einem Theater!

Erklären Sie den Weg zur
öffentlichen Bücherhalle!

Fragen Sie nach
einer U-Bahnstation!

Erklären Sie den
Weg zum Hotel!

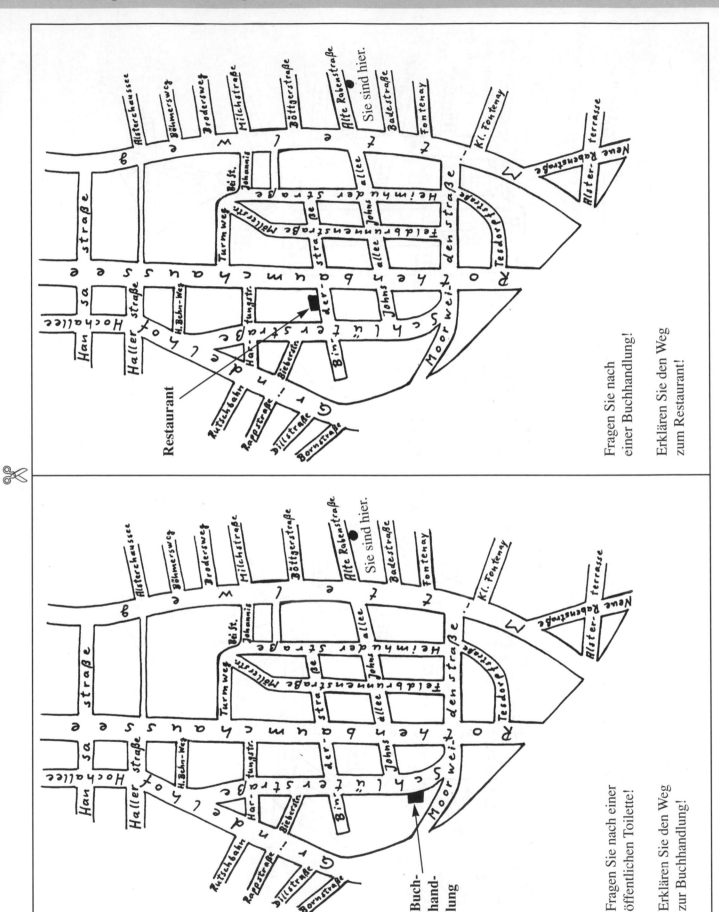

Fragen Sie nach
einer Buchhandlung!

Erklären Sie den Weg
zum Restaurant!

Fragen Sie nach einer
öffentlichen Toilette!

Erklären Sie den Weg
zur Buchhandlung!

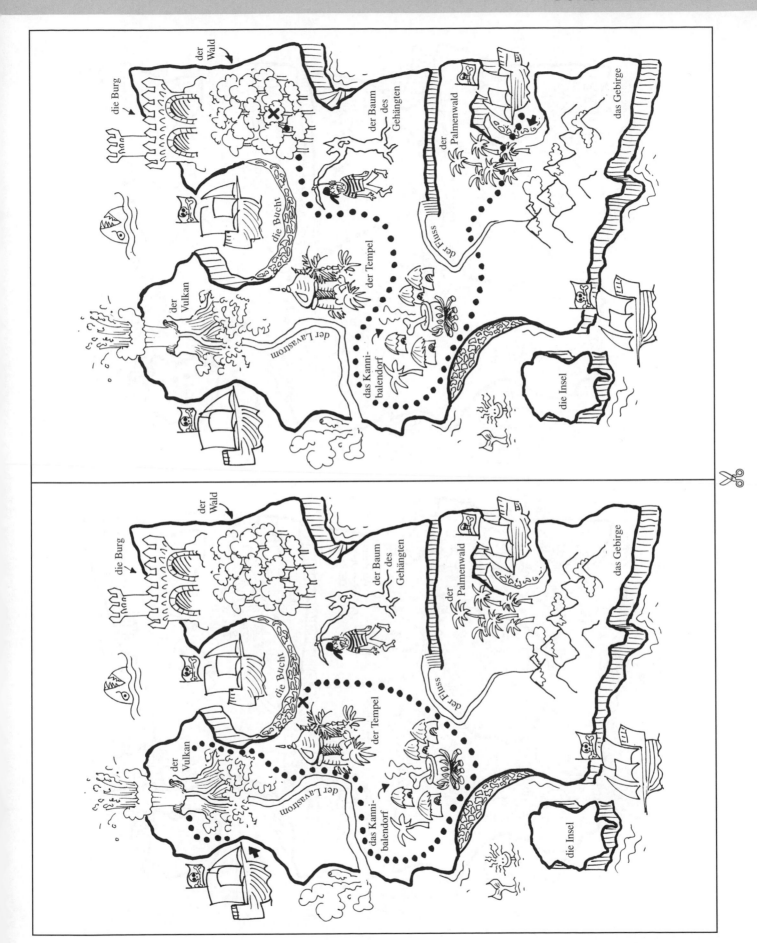

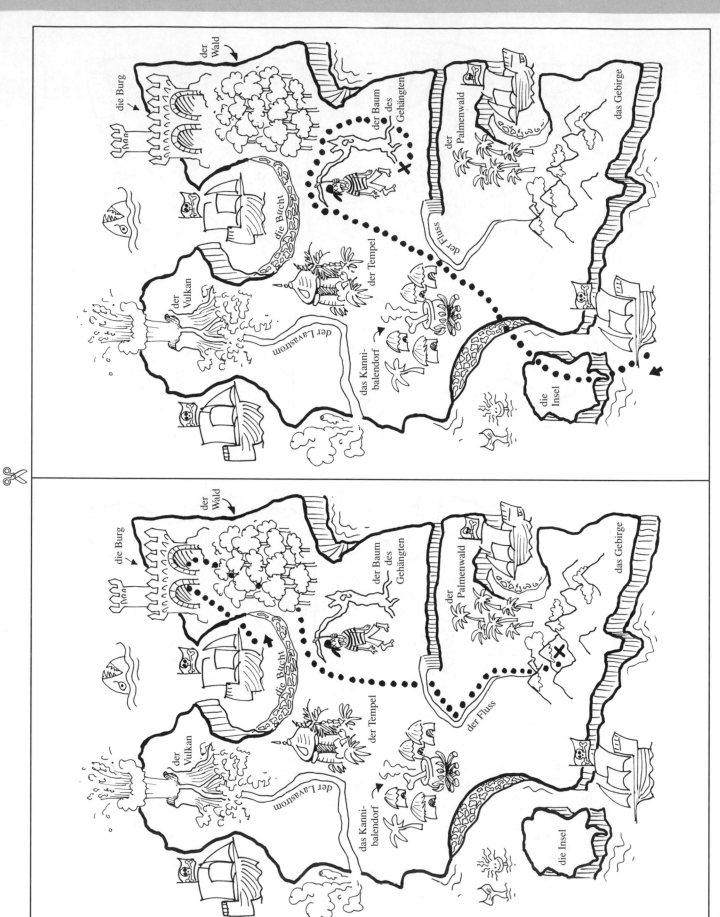

Du:	alte Postkarten alte Bücher	Du:	Marionetten Bilder
Sebastian:	alte Schlüssel Puppen	Julia:	Uhren Brillen
Du:	Hüte Vasen	Du:	Fotoapparate alte Radios
Sandra und Alexander:	Bilder, Ohrringe, Fotoapparate	Tobias:	Spielzeugautos Korkenzieher
Du:	alte Schlüssel Schreibmaschinen	Du:	Spielzeugautos Hüte
Melanie:	Gläser Spiegel	Laura und Simon:	Briefmarken, Tassen, Korkenzieher

Das junge Paar. Sein Baby schreit die ganze Nacht. 3. Stock links.	Der Rentner. Seine Frau spielt immer in der Badewanne Trompete. 2. Stock rechts.
Die ältere Dame. Sie wäscht von morgens bis abends Wäsche. 1. Stock Mitte.	Der schöne Mann. Er hat letzte Woche seinen Porsche kaputtgefahren. 4. Stock links.
Die eigenartigen Leute. Bei ihnen darf die Frau nicht kochen. Erdgeschoss rechts.	Das frisch verheiratete Ehepaar. Es streitet sich immer bei offenem Fenster. 2. Stock links.
Der ewige Student. Er macht auch dieses Jahr sein Examen nicht. 3. Stock Mitte.	Die dunkelhaarige Frau. Ihr Mann guckt sich keine Krimis im Fernsehen an. 1. Stock rechts.
Die allein erziehende Frau. Ihr Sohn hat neulich den Hausschlüssel verloren. Erdgeschoss links.	Die netten Leute. Ihnen ist die Katze weggelaufen. 4. Stock rechts.
Der schwierige Mann. Ihm schmeckt kein Essen. 3. Stock rechts.	Die schwarzhaarige Dame. Bei ihr ist öfters ein eleganter Herr zu Besuch. 2. Stock Mitte.
Die freundliche Frau. Ihr ist neulich die Gießkanne vom Balkon gefallen. 4. Stock Mitte.	Der ältere Herr. Ihn hat vorgestern ein Hund gebissen. 1. Stock links.
Der allein stehende Mann. Ihm ist vor kurzem der Kanarienvogel weggeflogen. Dachgeschoss.	

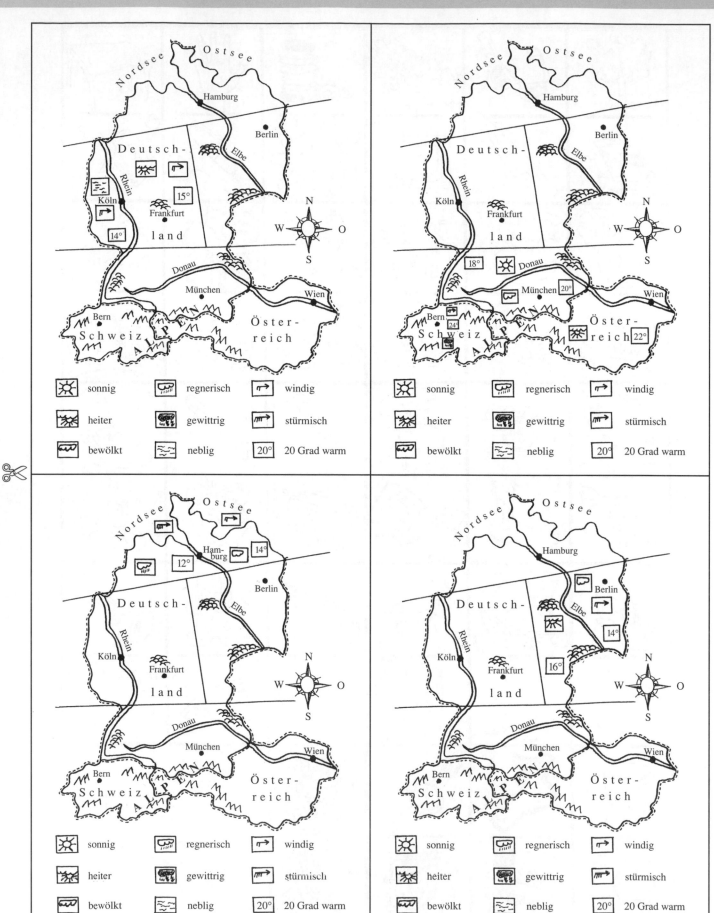

9 (er/sie/es) müssen	10 (wir) einkaufen	11	12 (du) essen	13 (er/sie/es) fahren	14 (er/sie/es) kaufen	15 „Wo bin ich?"
8 (ich) mögen	35 (du) werden	36	„Pause!" 37	38 (er/sie/es) haben	39 (ich) wollen	16
7 (du) laufen	34 (er/sie/es) nehmen	53 (er/sie/es) einschlafen	54 55 (wir) sich streiten „Der todbringende Storch!"		40 (sie) ausschlafen	17 (sie) weggehen
6	33 (wir) anfangen	52 (ihr) lassen		56	41	18 (ihr) sein
5 (ihr) abwaschen	32 (ich) sein	51	61	57 (ich) duschen	42 (er/sie/es) wissen	19 (du) helfen
4 (ich) können	31	50 (er/sie/es) werden		58 (er/sie/es) sich waschen	43 (ihr) essen	20 (ich) dürfen
3 (er/sie/es) sprechen	30 (du) sehen	49 (du) dürfen	60 (ihr) sich abtrocknen	59 (du) sich hinlegen	44 (du) wegtragen	21
2 (du) haben	29 (er/sie/es) treffen	48 (du) ausgeben	47 (sie) sein	46	45	22 (er/sie/es) geben
1	28 „Unfall!"	27 (ich) aufwachen	26	25 (du) lassen	24 (er/sie/es) wegwerfen	23 (du) lesen

Die Hindernisfelder für beide Spielvarianten bedeuten:

15: „Wo bin ich?" — Lukas hat sich verlaufen. Eine Runde aussetzen.
28: „Unfall!" — Lukas ist abgestürzt und kann nicht mehr springen. Zwei Runden aussetzen.
37: „Pause!" — Wegen des Gewitters kann Lukas nicht weiterhüpfen. Eine Runde aussetzen.
55: „Der todbringende Storch!" — Das gefährlichste Hindernis: Der Storch frisst Lukas auf. Zurück auf Feld 1.

9 (ich, Imperfekt) **lesen**	10 (sie, Perfekt) **essen**	11	12 (wir, Perfekt) **sitzen**	13 (ihr, Imperfekt) **telefonieren**	14 (du, Perfekt) **nehmen**	15 „Wo bin ich?"
8 (wir, Perfekt) **tun**	35 (du, Perfekt) **helfen**	36	„Pause!" 37	38 (wir, Perfekt) **wegwerfen**	39 (ich, Perfekt) **verlieren**	16
7 (er/sie/es, Imperfekt) **sein**	34 (du, Imperfekt) **kommen**	53 (wir, Perfekt) **sich hinlegen**	54 55 (du, Imperfekt) **einschlafen** „Der todbringende Storch!"		40 (er/sie/es, Imperfekt) **aussprechen**	17 (ich, Imperfekt) **wollen**
6	33 (ihr, Perfekt) **herbringen**	52 (du, Imperfekt) **mögen**	56		41	18 (du, Imperfekt) **haben**
5 (du, Perfekt) **springen**	32 (er/sie/es, Imperfekt) **sehen**	51	61	57 (sie, Imperfekt) **sich abtrocknen**	42 (du, Imperfekt) **müssen**	19 (wir, Perfekt) **finden**
4 (wir, Imperfekt) **können**	31	50 (er/sie/es, Perfekt) **austrinken**		58 (sie, Perfekt) **sich streiten**	43 (wir, Imperfekt) **fliegen**	20 (ich, Imperfekt) **denken**
3 (du, Imperfekt) **laufen**	30 (ich, Imperfekt) **rufen**	49 (ich, Imperfekt) **treffen**	60 (sie, Imperfekt) **sich waschen**	59 (ich, Imperfekt) **duschen**	44 (ich, Perfekt) **reiten**	21
2 (ich, Perfekt) **schwimmen**	29 (sie, Perfekt) **abschreiben**	48 (er/sie/es, Imperfekt) **werden**	47 (du, Perfekt) **wissen**	46	45	22 (ihr, Perfekt) **fotografieren**
1	28 „Unfall!"	27 (wir, Perfekt) **bitten**	26	25 (du, Imperfekt) **dürfen**	24 (er/sie/es, Imperfekt) **gehen**	23 (ich, Perfekt) **aufstehen**

Die Hindernisfelder für beide Spielvarianten bedeuten:

15: „Wo bin ich?" Lukas hat sich verlaufen. Eine Runde aussetzen.
28: „Unfall!" Lukas ist abgestürzt und kann nicht mehr springen. Zwei Runden aussetzen.
37: „Pause!" Wegen des Gewitters kann Lukas nicht weiterhüpfen. Eine Runde aussetzen.
55: „Der todbringende Storch!" Das gefährlichste Hindernis: Der Storch frisst Lukas auf. Zurück auf Feld 1.

Sie sind Hauseigentümer und haben eine 3-Zimmer-Wohnung zu vermieten. Sie haben Kinder sehr gern. Die Wohnung liegt im Erdgeschoss, hat eine Terrasse und einen großen Garten. Sie liegt weit vom Stadtzentrum, es gibt wenig Busse.
Den Mietpreis können Sie bestimmen. Sie vermieten die Wohnung an eine/n der Bewerber/innen.

Sie sind Hauseigentümer und haben eine 3-Zimmer-Wohnung zu vermieten. Kinder mögen Sie nur, wenn es Mädchen sind. Jungen sind Ihnen zu laut. Die Wohnung liegt im 5. Stock, und das Haus hat keinen Fahrstuhl. Die Wohnung liegt in der Innenstadt. Man hat einen schönen Blick auf einen großen Park.
Den Mietpreis können Sie bestimmen. Sie vermieten die Wohnung an eine/n der Bewerber/innen.

Sie sind Hauseigentümerin und haben eine 3-Zimmer-Wohnung zu vermieten. Sie haben nichts gegen Tiere, aber Sie mögen keine Kinder. Langhaarige und Studenten können Sie nicht ausstehen. Die Wohnung hat eine gute Verkehrslage, Zentralheizung, Dusche. Allerdings ist es sehr laut.
Den Mietpreis können Sie bestimmen. Sie vermieten die Wohnung an eine/n der Bewerber/innen.

Sie sind Hauseigentümerin. Sie haben eine 1-Zimmer-Wohnung zu vermieten. Allerdings nur für ein Jahr. Dann brauchen Sie die Wohnung selbst. Bis zur nächsten Bushaltestelle sind es 15 Minuten zu Fuß. Weil Sie direkt nebenan wohnen, möchten Sie keine laute Musik hören.
Den Mietpreis können Sie bestimmen. Sie vermieten die Wohnung an eine/n der Bewerber/innen.

Sie sind verheiratet und suchen dringend eine Wohnung, weil Sie sich in der alten Wohnung mit Ihren Nachbarn gestritten haben. Sie haben ein großes Terrarium mit einem Paar wunderschöner Kobras, die Sie sich von Ihrem letzten Urlaub in Indien mitgebracht haben. In die Innenstadt möchten Sie nicht ziehen. Sie gehen zu verschiedenen Vermietern.

Sie sind geschieden und haben ein Kind (Andreas, 9 Jahre). Ihr Sohn hat zwei Kaninchen, eine Katze, drei Hamster und ein Paar Tanzmäuse. Die Tiere machen natürlich keinen Krach.
Sie möchten gerne zentral wohnen, weil Sie gerne ins Theater und in die Oper gehen. Sie suchen ganz dringend eine Wohnung, denn Ihr Mietvertrag in der alten Wohnung läuft in drei Monaten aus, und dann kann der Vermieter die Miete erhöhen, wie er will. Sie gehen zu verschiedenen Vermietern.

Sie suchen eine Wohnung. Sie leben seit 15 Jahren zusammen und haben zwei Kinder (Marianne, 12 Jahre, und Susanne, 10 Jahre). Sie möchten gerne in einer schönen Umgebung wohnen. Sie gehen zu verschiedenen Vermietern. Sie müssen auf jeden Fall eine Wohnung bekommen, weil Sie in einem Monat aus Ihrer alten Wohnung raus müssen.

Sie suchen dringend eine Wohnung. Sie sind alleinerziehend, haben ein Kind (Elisabeth, 11 Jahre) und leben mit Ihrer Mutter zusammen. Die alte Dame ist bereits 75 Jahre alt und kann schlecht gehen. Sie müssen auf jeden Fall eine Wohnung bekommen, weil Sie aus Ihrer alten in zwei Monaten ausziehen müssen. Sie gehen zu verschiedenen Vermietern.

Sie suchen für Ihre Mutter, 78 Jahre, eine Wohnung. Die alte Dame muss aus dem Altersheim ausziehen, weil sie dort immer laute Partys feiert. Ihre Mutter ist noch sehr gut zu Fuß und hat gerne Kontakt mit anderen Menschen. Sie gehen zu verschiedenen Vermietern.

Sie sind frisch verheiratet und suchen dringend eine Wohnung, weil Sie bei Ihren Eltern zu Hause ausziehen müssen. Sie haben noch keine Kinder, aber Sie wollen auf jeden Fall welche haben. Mindestens zwei! Sie feiern gerne Partys. Ein eigenes Auto wollen Sie sich auch bald kaufen. Sie gehen zu verschiedenen Vermietern.

Informatik-Kurs	Deutsch-Kurs	Mit Mutti Kaffee trinken	Zur Uni gehen	Tanz-Kurs
Mo 16-18 Uhr	Mo 14-16 Uhr	Mo	Mo	Mo 18-20 Uhr
Di 18-20 Uhr	Di	Di	Di	Di
Mi 18-20 Uhr	Mi 14-16 Uhr	Mi	Mi	Mi 19-21 Uhr
Do 16-18 Uhr	Do	Do Nachmittags	Do	Do
Fr	Fr 14-16 Uhr	Fr	Fr	Fr 15-17 Uhr
Sa	Sa	Sa	Sa	Sa
So	So	So Nachmittags	So	So

(Zur Uni gehen: Jeden Vormittag)

Abendessen mit Freunden	Arbeiten	Veronikas Geburtstags-party	Picknick mit Freunden	Hochzeit meines Bruders
Mo	Mo	Mo	Mo	Mo
Di 19 Uhr - ?	Di	Di	Di	Di
Mi	Mi	Mi	Mi	Mi
Do	Do	Do	Do	Do
Fr	Fr	Fr	Fr	Fr
Sa 19 Uhr - ?	Sa	Sa	Sa	Sa
So	So	So Nachmittags und abends	So	So Vormittags

(Arbeiten: Von 9 - 18 Uhr)
(Picknick mit Freunden: Sa Den ganzen Tag)

Wanderung in den Bergen	Schwimmen gehen mit Saunabesuch	Arbeitsessen	Kongreß	Die Kinder einhüten
Mo	Mo	Mo 19 Uhr - ?	Mo	Mo 19-20 Uhr
Di	Di 19-22 Uhr	Di	Di	Di
Mi	Mi	Mi 20 Uhr - ?	Mi	Mi den ganzen Nachmittag
Do	Do	Do	Do	Do
Fr	Fr 19-22 Uhr	Fr	Fr	Fr
Sa Das ganze	Sa	Sa	Sa	Sa Das ganze
So Wochenende	So	So	So	So Wochenende

(Kongreß: Alle drei Tage)

Arzt / Ärztin

Grippe: Balsamzäpfchen, um das Fieber zu senken. Hustensaft gegen den Husten. Nasentropfen, um die verstopfte Nase freizubekommen.

Magenverstimmung: Wasser mit Zitronensaft. Kamillentee.

Sonnenstich mit Sonnenbrand: Ein Bad in sehr heißem Salzwasser nehmen.

Arzt / Ärztin

Grippe: Den Kopf 10 Minuten in den geöffneten Kühlschrank halten.

Magenverstimmung: Tabletten gegen die Magensäure im Mund. Aspirin gegen die Kopfschmerzen.

Sonnenstich mit Sonnenbrand: Nasse Umschläge mit Wasser und Essig an der Stirn. Die Verbrennungen mit Tomate einreiben.

Arzt / Ärztin

Grippe: Eukalyptusdampfbäder. Pfefferminztee. Bettruhe.

Magenverstimmung: Nur Schokolade und Weingummi essen.

Sonnenstich mit Sonnenbrand: Salbe für die Verbrennungen. Tabletten gegen die Kopfschmerzen.

Patient(in)

– Sie haben starken Husten, vor allem nachts.
– Letzte Nacht haben Sie nicht geschlafen. Sie haben hohes Fieber, Halsschmerzen und Kopfschmerzen.
– Ihre Nase ist vollkommen verstopft, Sie können kaum atmen.
– Ihnen tun die Arme, die Beine und der Rücken weh.
– Gestern haben Sie eine Stunde auf Ihren Freund / Ihre Freundin gewartet. Es hat in Strömen gegossen, und Sie hatten keinen Regenschirm dabei.

Patient(in)

– Letzte Nacht haben Sie sich mehrmals übergeben.
– Sie haben Kopfschmerzen und Magenschmerzen.
– Sie haben einen säuerlichen Geschmack im Mund und eine trockene Kehle.
– Ihnen ist ständig übel.
– Gestern war die Geburtstagsfeier Ihrer Schwester.

Patient(in)

– Sie haben Kopfschmerzen.
– Ihnen ist ständig schwindelig.
– Sie verspüren oft Brechreiz.
– Sie haben am ganzen Oberkörper rote Haut und können praktisch keine Wäsche anziehen, weil Ihnen alles wehtut.
– Letzte Woche haben Sie mit Freunden in den Alpen an einem Gletscher Picknick gemacht. Weil die Sonne schien, konnten Sie das Picknick in Badekleidung machen.

Sie sind der Vater. Es ist 7 Uhr morgens, und Sie wollen als Erster ins Badezimmer. Sie müssen um 7 Uhr 53 den Bus bekommen, damit Sie nicht zu spät zur Arbeit kommen. Ihr Chef ist sehr aggressiv, und Sie möchten Ihre Arbeit nicht verlieren, denn Sie verdienen das Geld für die ganze Familie. Sie sind der Wichtigste in der Familie!

Sie sind die Tochter. Es ist 7 Uhr morgens. Sie müssen als Erste ins Badezimmer, weil Sie um 8 Uhr einen wichtigen Mathematik-Test haben. Der Lehrer hat gesagt: „Wer zu spät kommt, bekommt eine 6 und muss den Test am Wochenende schreiben!" Die Schule ist Ihre Karriere, und Ihre Karriere ist das Wichtigste!

Sie sind der Großvater. Es ist 7 Uhr morgens. Sie sind stark erkältet. Der Arzt hat Ihnen gestern ein Medikament für den Hals verschrieben. Sie müssen dreimal täglich gurgeln: um 7 Uhr morgens, um 13 Uhr und um 19 Uhr. Sie müssen also jetzt sofort ins Badezimmer, als Erster! Ihre Gesundheit ist das Wichtigste!

Sie sind der Sohn. Es ist 7 Uhr morgens. Sie arbeiten als Auszubildender in einer Fabrik. Sie müssen als Erster ins Badezimmer, weil Ihre Arbeit um 8 Uhr beginnt. Ihr Chef hat gesagt: „Wer zu spät kommt, muss für alle Kollegen ein Bier zahlen." Das würde 60 Mark kosten. Weil Sie aber nur 480 Mark pro Monat verdienen, ist das zu viel für Sie. Ihr Geld ist im Moment das Wichtigste!

Sie sind die Großmutter. Es ist 7 Uhr morgens. Sie müssen heute als Erste ins Badezimmer, denn Sie müssen sehr früh, um 8 Uhr, zur Post, Ihre Rente abholen. Wenn Sie nach 8 Uhr zur Post kommen, ist schon eine lange Schlange da, und dann sind Sie erst um 12 Uhr wieder zu Hause, weil Sie so lange warten mussten. Alte Leute verdienen Respekt!

Sie sind die Mutter. Es ist 7 Uhr morgens. Sie müssen jeden Tag für Ihren Mann, Ihren Sohn, Ihre Tochter und für die Großeltern das Frühstück machen. Aber vorher wollen Sie sich waschen, die Zähne putzen, etc. Wer so viel für die anderen arbeitet, hat das Recht, als Erste ins Badezimmer zu gehen. Sie sind die wichtigste Person in der Familie! Ohne Ihre Arbeit würde nichts funktionieren!

Ihre Telefonnummer: 93 36 87

Sie sind Herbert Müller, Schauspieler, und spielen eine der Hauptrollen in einem Musical, das j
Ihrer Stadt aufgeführt wird. Deshalb kommen Sie oft erst nachts um drei Uhr nach Hause.

Ihre Beschwerde: Ihr Kanarienvogel, den Sie letzte Woche gekauft haben, ist gestorben. Er hatte bei Ihren
Singproben immer mitgesungen. Das Tier hatte noch zwei Jahre Garantie. Rufen Sie im Zoogeschäft „Wie Katz
und Maus" an (Tel.: 769 43 21) und beschweren Sie sich beim Geschäftsführer.

Ihre Telefonnummer: 769 43 21

Sie sind Jonas Bergheimer, Geschäftsführer des Zoogeschäftes „Wie Katz und Maus". Alle Ihre Kanarienvögel
sind letzte Nacht gestorben. Heute haben Sie 120 Schildkröten bekommen, die Sie schnell verkaufen müssen.
Die Schildkröten werden sehr alt. Jede Schildkröte kostet genauso viel, wie letzte Woche die Kanarienvögel
gekostet haben.

Ihre Beschwerde: Die Kundin Marlies Stenzel hat 180 Liter Salzwasser für ihr Aquarium noch nicht bezahlt.
Sie rufen sie an (Tel.: 491 97 38) und fragen, wann sie die Rechnung bezahlen wird.

Ihre Telefonnummer: 491 97 38

Sie sind Marlies Stenzel. Sie sind Nachbarin von Herbert Müller. Es ist Monatsende, und Sie haben kein Geld
mehr.

Ihre Beschwerde: Ihr Nachbar Herbert Müller singt oft nachts sehr schön, aber auch sehr laut. Das Schlimmste
ist: Irgendein Vogel singt mit, und zwar sehr falsch. Sie müssen jeden Tag um 6 Uhr morgens aufstehen. Sie
rufen Herrn Müller an (Tel.: 93 36 87) und beschweren sich.

Ihre Telefonnummer: 701 64 12

Sie sind Annedore Hartmann. Sie haben ein Zimmer im Hotel „Fünf Jahreszeiten" gemietet. Ihr kleiner Hund
bekommt epileptische Anfälle, wenn er in einem kleinen Zimmer eingesperrt ist. Deshalb lassen Sie ihn öfter
ein wenig auf dem Flur laufen.

Ihre Beschwerde: Ihr Zimmer geht zur Straße hinaus. Durch den Autolärm letzte Nacht hat Ihr kleiner Hund
einen epileptischen Anfall bekommen. Sie rufen in der Rezeption an (Tel.: 701 64 13) und beschweren sich.

Ihre Telefonnummer: 701 64 13

Sie sind Waldemar Kerner und arbeiten in der Rezeption des Hotels „Fünf Jahreszeiten". Wegen eines Kongresses in der Stadt ist das Hotel fast ausgebucht. Es ist nur noch ein kleines Doppelzimmer zum Innenhof frei, das
ist 50 DM pro Nacht teurer als ein Einzelzimmer.

Ihre Beschwerde: Frau Vogel (Zimmer Nr. 27) schläft immer sehr lange, so dass das Personal das Zimmer
nicht reinigen und das Bett nicht machen kann. Sie rufen Frau Vogel an (Tel.: 701 64 11) und teilen ihr die
Beschwerde des Personals mit.

Ihre Telefonnummer: 701 64 11

Sie sind Susi Vogel. Sie haben ein Zimmer im Hotel „Fünf Jahreszeiten" gemietet. Sie gucken sich gerne die
Nachtprogramme im Fernsehen an und stehen deshalb immer recht spät auf.

Ihre Beschwerde: Sie stellen nachts immer Ihre Schuhe in den Flur, damit der Schuhputzer des Hotels sie morgens putzt. Heute Nacht hat der kleine Hund von Frau Hartmann in einen Ihrer Schuhe Pipi gemacht. Rufen Sie
Frau Hartmann an (Tel.: 701 64 12) und beschweren Sie sich.

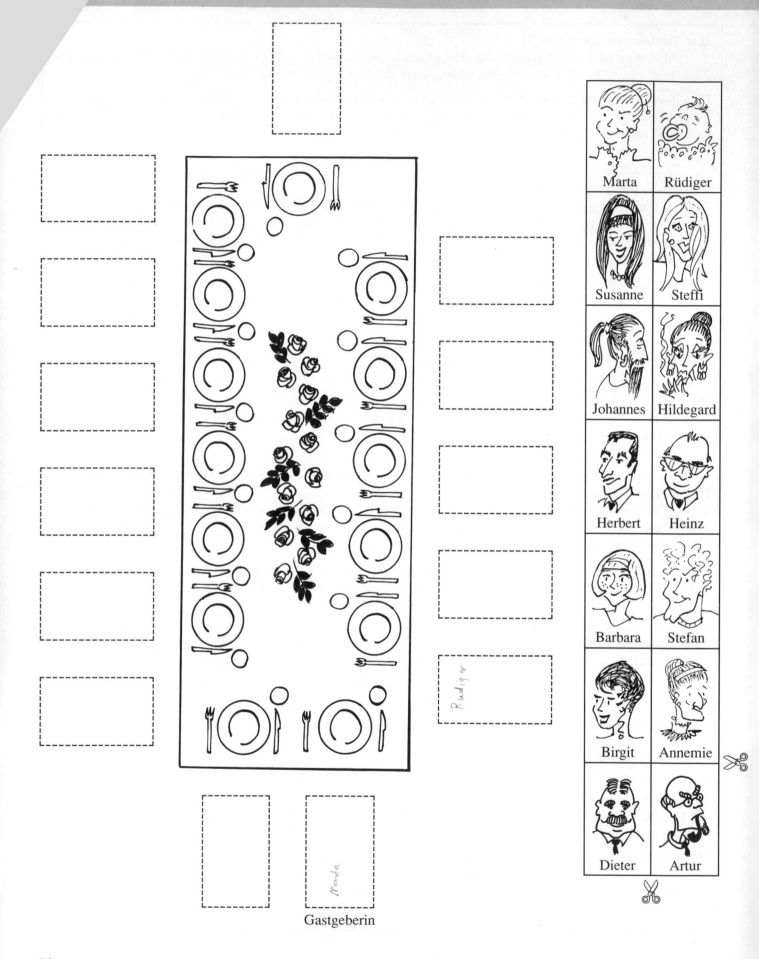

Marta | Rüdiger
Susanne | Steffi
Johannes | Hildegard
Herbert | Heinz
Barbara | Stefan
Birgit | Annemie
Dieter | Artur

Rüdiger

Marta

Gastgeberin

Marta

Sie waren, zusammen mit Ihrem Gatten, die Gastgeberin. Sie saßen zwischen ihm und Ihrem Enkelkind. Sie stritten sich den ganzen Abend mit Ihrem Mann, weil er ständig seine Pfeife rauchte und alles vollqualmte. Zu Ihrer Rechten saß Rüdiger, der den ganzen Abend weinte, weil er müde war.

Rüdiger

Du bist ein fünf Monate altes Baby. Du saßest zwischen Mami und Omi Marta. Links von dir spielte deine Omi mit dir, weil du die ganze Zeit weintest und nicht schlafen wolltest. Rechts von dir redete Mami mit Tante Steffi über Heiraten und Kinderkriegen.

Susanne

Neben Ihnen saß Ihre Schwägerin Steffi. Gegenüber setzte sich Tante Annemie hin. Links von Ihnen weinte Ihr Sohn, und Ihre Mutter versuchte ihn zu beruhigen. Sie sprachen mit Steffi über Kinderkriegen und Heiraten. Sie erzählte, dass sie nächsten Monat heiraten wolle, und Sie sagten ihr, dass sie nicht so früh Kinder kriegen solle.

Steffi

Sie saßen neben Ihrem Bruder Johannes. Gegenüber saß ein äußerst gutaussehender junger Mann mit lockigem Haar. Sie unterhielten sich mit ihm über Sport und entdeckten, dass Sie beide begeisterte Tennisspieler sind. Deshalb vereinbarten Sie gleich für Dienstag ein Tennismatch miteinander.

Johannes

Zu Ihrer Linken saß Ihre Schwester Steffi, zu Ihrer Rechten eine sehr gepflegte ältere Dame, die die ganze Zeit über rauchte. Gegenüber setzte sich ein sehr hübsches junges Mädchen an den Tisch, das eine halbe Stunde zu spät kam. Sie unterhielten sich miteinander über Kino und verabredeten, sich gemeinsam den Film „Casablanca" anzusehen. Die ältere Dame erzählte Ihnen von Ihrem Urlaub in Nizza, und Sie erzählten ihr von Ihrer Reise nach Nepal.

Hildegard

Rechts von Ihnen saß Ihr Bruder Herbert, der den ganzen Abend mit Ihrem Mann über Politik diskutierte. Links von Ihnen saß ein langhaariger, bärtiger junger Mann, der Ihnen von Nepal erzählte. Da Sie ein wenig nervös waren, rauchten Sie eine Zigarette nach der anderen.

Herbert

Sie saßen zwischen Ihrer Schwester und Ihrem Schwager Heinz. Mit Heinz diskutierten Sie den ganzen Abend über Politik. Sie waren sich einig, dass die gegenwärtige Regierung eine Katastrophe ist. Ihre Schwester rauchte die ganze Zeit. Sie waren sehr ärgerlich, weil der ständige Rauch Sie sehr belästigte und Sie außerdem ein wenig erkältet waren.

Heinz

Sie saßen neben Ihrem Schwager. Sie diskutierten mit ihm den ganzen Abend über die Regierung. Mit einer halben Stunde Verspätung erschien Ihre Nichte Barbara und erzählte Ihnen, daß ihr Auto kaputt sei. Gegenüber saß Ihre Frau, die wie immer Kette rauchte.

Barbara

Sie kamen eine halbe Stunde zu spät, weil Sie mit dem Auto eine Panne hatten. Sie entschuldigten sich bei Ihrem Onkel, der links von Ihnen saß. Onkel Heinz verliert immer mehr Haare! Gegenüber saß ein junger Typ, der sich mit Tante Hildegard über Nepal unterhielt. Später unterhielten Sie sich mit ihm über Kino und verabredeten, sich gemeinsam den Film „Casablanca" noch mal anzugucken. Zu Ihrer Rechten saß Ihr Cousin Stefan, der mit Steffi über Sport redete, als Sie kamen.

Stefan

Sie saßen neben Ihrer Cousine Birgit. Sie sagten ihr, dass sie ausgesprochen gut aussehe mit dem Kurzhaarschnitt. Gegenüber saß eine junge Frau mit langem blondem Haar. Sie fingen an, über Sport zu reden, und dann, reiner Zufall, entdeckten Sie, dass Sie beide Tennis spielen. Sie verabredeten für diese Woche eine Tennispartie.

Birgit

Sie saßen zwischen Ihrer Tante und einem Ihrer Cousins. Beide sagten Ihnen, dass Sie mit dem kurzen Haar besser aussähen. Später bemerkte Ihre Tante zu Ihnen, dass sie nicht wüsste, was sie mit Onkel Dieter machen solle, weil er so viel trinke und noch mehr esse. Sie gaben ihr einige Ratschläge: weniger Bier und mehr Bewegung.

Annemie

Sie saßen zwischen Ihrem Mann und einer Ihrer Nichten. Sie waren sehr verärgert über Ihren Mann, weil er sehr viel Bier trank und anschließend Auto fahren sollte. Gegenüber saß Rüdigers Mutter. Mit der Nichte zu Ihrer Linken sprachen Sie über Ihren Mann und darüber, wie vorteilhaft ihr neuer Haarschnitt ist.

Dieter

Ihnen gegenüber saß Rüdiger, der die ganze Zeit weinte. Zu Ihrer Rechten saß der Gastgeber, und Sie diskutierten mit ihm den ganzen Abend über Sitte und Moral. Er war der Meinung, dass früher alles besser gewesen sei, Sie waren anderer Meinung. Heute kann man offen über Homosexualität sprechen, und Behinderte werden in die Gesellschaft integriert. Zu Ihrer Linken saß Ihre Frau, die sehr sauer war, weil Sie, ihrer Meinung nach, zu viel Bier tranken. Dabei gab es doch so gutes Hefeweizenbier ...

Artur

Zu Ihrer Linken saß Dieter, dick wie immer und mit Schnurrbart. Sie diskutierten mit ihm über den allgemeinen Verfall von Sitte und Moral. Zum Schluss fing er sogar an, von Schwulen zu reden. Zu Ihrer Rechten saß Ihre Frau, die böse mit Ihnen war, weil Sie Pfeife rauchten und sie den Tabakgeruch nicht mag.

Ihre Tochter, 17 Jahre, geht noch zur Schule. Sie möchten nicht, dass Ihre Tochter dort geküsst wird. Sie sind für natürliche Erziehung, deshalb ist Ihre Tochter auf einer gemischten Schule (Jungen- und Mädchenschule). Wenn Ihre Tochter aber einmal nach Hause kommt und erzählt, dass sie geküsst worden ist, wollen Sie sie sofort auf eine Mädchenschule schicken.
Argumentieren Sie weiter auf dieser Linie!

Sie sind Schüler, 16 Jahre alt. Die Leute küssen sich im Fahrstuhl, im Bett, im Urlaub, auf der Straße, im Flugzeug. Warum nicht auch in der Schule? Warum ist Schule immer so theoretisch? Sie finden, dass Schule Spaß machen und natürlich sein soll.
Argumentieren Sie weiter auf dieser Linie!

Sie sind 17 und gehen noch zur Schule. Warum dürfen sich Schüler nicht normal benehmen und sich küssen, wann und wo sie wollen? Sie wollen, dass man Sie in Ruhe lässt und Sie Ihr Leben leben lässt! Was haben Lehrer und Eltern damit zu tun, wenn Schüler sich küssen?
Argumentieren Sie weiter auf dieser Linie!

Sie sind Deutschlehrer/in, 63 Jahre. Sie haben sich früher in der Schule auch nicht geküsst, sondern haben gewartet, bis die Schule aus war. Und Sie haben sich in Ihrer Schulzeit wohl gefühlt und viel gelernt. Sie sind der Meinung, dass die Schüler heute nicht mehr brauchen als Sie früher, denn sie sind ja auch keine besseren Menschen.
Argumentieren Sie weiter auf dieser Linie!

Sie sind Schuldirektor/in, 52 Jahre. Sie sind für ein natürliches Leben in der Schule. Aber küssen? – Nein. Die Lehrer küssen sich ja auch nicht und benehmen sich natürlich. Und die Schüler sollen sich an den Lehrern orientieren! Wer trägt die Verantwortung, wenn eine Schülerin ein Kind bekommt?
Argumentieren Sie weiter auf dieser Linie!

Sie sind Annegrete Fuchs. Sie leben zusammen mit 95 anderen Mädchen in einem Mädchenwohnheim. Es ist dort verboten, Männerbesuch zu empfangen. Trotzdem hat letztes Wochenende Ihr Freund bei Ihnen geschlafen, aber das darf natürlich niemand wissen.

Jetzt will die Direktion mit Ihnen sprechen. Vorsicht! Wenn die Wahrheit bekannt wird, müssen Sie morgen ausziehen und stehen auf der Straße!

Sie haben mit einer Freundin ein Alibi abgemacht: Letztes Wochenende hat Ihre Freundin Brigitte Waldmann, die im selben Heim wohnt, bei Ihnen geschlafen, weil Sie krank waren und nicht allein sein wollten.

Sie sind Direktor/in in einem Mädchenwohnheim. Es wohnen dort 96 Mädchen. Nach der Hausordnung ist nicht nur Männerbesuch verboten, sondern während der Nacht darf überhaupt niemand bei den Mieterinnen zu Besuch sein.

Sie sind informiert worden, dass die Mieterin Annegrete Fuchs letztes Wochenende ihre Mutter bei sich zu Besuch hatte, auch während der Nacht. Das hat Konsequenzen! Natürlich wollen Sie sofort mit Annegrete Fuchs sprechen! Sie haben gehört, dass Brigitte Waldmann Genaueres über die Sache weiß.

Sie sind Brigitte Waldmann. Sie leben zusammen mit 95 anderen Mädchen in einem Mädchenwohnheim. Es ist dort verboten, Männerbesuch zu empfangen. Sie wissen, dass eine Mitbewohnerin, Annegrete Fuchs, letztes Wochenende ihren Freund bei sich hatte, auch während der Nacht. Sie haben den jungen Mann am nächsten Morgen in der Dusche getroffen. Sie sind der Meinung, dass so etwas skandalös ist, und wollen mit der Direktion darüber sprechen.

Carlo Fabi

2 Tage in Hamburg
Geschäftsreise
1 Tag in Hannover (Hannover-Messe)
Kunsthalle, klassische Musik
die Firma zahlt

1. Welches Hotel nehmen Sie? Wie lautet die Adresse?
2. Wann öffnet die Kunsthalle?
3. Wo ist die Staatsoper?
4. Wann kommen zwischen 9 Uhr und 10 Uhr Züge in Hannover an?

Pete Stallone

Kunststudent (24 Jahre)
5 Tage in Hamburg
Unterbringung am liebsten zusammen mit anderen Künstlern
1 Tag in Lübeck
großes Interesse an Natur

1. Wie weit ist Lübeck von Hamburg entfernt?
2. Öffnungszeiten des Schaugewächshauses in *Planten un Blomen*?
3. Wo werden Sie übernachten?
4. Welche Jazz-Konzerte gibt es?

Evelyn und George Hardcroft

2 Tage in Hamburg
Natur
Jazz, Museen
nicht mehr als 70 DM pro Person und Nacht im Hotel

1. Wann öffnet das Museum für Völkerkunde?
2. Wann ist das Konzert des Glenn Miller Orchestra? Und wo?
3. Wie kommt man in die Lüneburger Heide?
4. In welchem Hotel schlafen Sie? Doppelzimmerpreis?

Paloma López

wenig Geld
malerische Orte
Kunst, Literatur
Helgoland, obwohl Sie nicht gerne mit dem Schiff fahren

1. Warum fahren Sie nach Husum?
2. Was wird im Operettenhaus aufgeführt?
3. In welchem Hotel schlafen Sie? Wie ist die Adresse?
4. Wie fahren Sie nach Helgoland?

Herr und Frau Petersen

Rentner aus Kopenhagen
viel Geld
wandern (2 Tage)
Hamburg (Museen)
zentrales Hotel, Nichtraucher
Flug zurück nach Kopenhagen

1. Welche Ausflüge werden Sie machen? Warum?
2. Wann öffnet das Museum für Hamburgische Geschichte?
3. Wann geht der Flug? Wie lange dauert er?
4. Welches Hotel nehmen Sie? Wie viel kostet ein Doppelzimmer?

Nana Dimopoulos

exzentrische Millionärin
Diskotheken, Musicals
Strand (3 Tage Helgoland)
Wochenende in Frankfurt

1. An welchem Strand wollen Sie baden? Wie kommen Sie dahin?
2. Welche Musicals werden in Hamburg gegeben?
3. In welchem Hotel schlafen sie? Was kostet ein Doppelzimmer?
4. Wie kommen Sie nach Frankfurt? Um wie viel Uhr?

Familie Vlacek

3 Kinder (7, 5, 4 Jahre)
3 Tage in Hamburg (Unternehmungen für Kinder)
3 Tage in Köln
Ausflug nach Mölln

1. Wie kommt man nach Mölln?
2. Welches Hotel nehmen Sie? Ist es kinderfreundlich? Was kostet ein Doppelzimmer ohne Dusche?
3. Wann ist Hagenbecks Tierpark geöffnet?
4. Um wie viel Uhr geht Ihr Flugzeug nach Köln? Alternativen?

Sérgio Antunes

Ingenieur
4 Tage in Hamburg
sehr sportlich
Musik
Lübeck

1. Welches Hotel nehmen Sie? Gibt es dort Sport-/Fitness-Möglichkeiten?
2. Gibt es ein technisches Museum in Hamburg? Wann öffnet es?
3. Wie kommt man nach Lübeck?
4. Welches Rockkonzert werden Sie besuchen? Adresse?

Tourismus-Zentrale: Hotels

Dienstleistung	Hotel Vier Jahreszeiten Neuer Jungfern-stieg 9 – 14	Hotel Atlantic An der Alster 72 – 79	Hotel Europäischer Hof Kirchenallee 45	Hotel Helgoland Kieler Straße 173 – 177
Doppelzimmer / Person / Nacht	267 DM	239 DM	120 DM	101 DM
Einzelzimmer / Nacht	389 DM	399 DM	180 DM	158 DM
U-Bahn-Anschluss / S-Bahn-Anschluss	U-/S-Bahn Jungfernstieg U-Bahn Gänsemarkt	U-/S-Bahn Hauptbahnhof	U-/S-Bahn Hauptbahnhof	S-Bahn Langenfelde
Zimmertelefon	ja	ja	ja	ja
kindergerecht / familien-freundlich	ja	ja	nein	ja
Fitnessraum	nein	ja	ja	nein
Nichtraucher-bereich	nein	ja	nein	nein

Dienstleistung	Hotel Behrmann Elbchaussee 528	Hotel Pacific Neuer Pferdemarkt 30 – 31	Künstler-Pension Sarah Petersen Lange Reihe 50	Hotel Sternschanze Schanzenstraße 101
Doppelzimmer / Person / Nacht	90 DM 70 DM	70 DM 50 DM	49 DM	37,50 DM
Einzelzimmer / Nacht	115 DM 85 DM	95 DM 70 DM	65 DM	50 DM
U-Bahn-Anschluss / S-Bahn-Anschluss	S-Bahn Blankenese	U-Bahn Feldstraße	U-Bahn Lohmühlenstraße	U-/S-Bahn Sternschanze
Zimmertelefon	ja	ja	nein	nein
kindergerecht / familien-freundlich	ja	ja	nein	nein
Fitnessraum	nein	nein	nein	nein
Nichtraucher-bereich	nein	nein	nein	nein

Tourismus-Zentrale: Hotels

Tourismus-Zentrale: Transportmittel

Ziel	Abfahrt / Abflug	Ankunft	Preis hin / hin und zurück
[Bahn]			
Hannover	7.08 (alle 30 Min.)	8.18	56 DM / 112 DM
Köln	6.53 (stündlich)	10.50	123 DM / 246 DM
Frankfurt	6.08 (alle 30 Min.)	11.35	170 DM / 340 DM
Husum	7.26 (alle 2 Std.)	9.02	41 DM / 82 DM
Lübeck	7.15 (stündlich)	7.57	15,40 DM / 30,80 DM
Mölln (ab Lübeck)	8.00 (stündlich)	8.21	7,40 DM / 14,80 DM
Cuxhaven	8.08	10.06	(in der Helgoland-Fahrt inbegriffen)
[Flugzeug]			
Köln	7.00 / 11.30 (alle 2 Std.)	8.00 / 12.30	340 DM / 560 DM
Frankfurt	6.05 / 8.45 (stündlich)	7.15 / 9.55	370 DM / 620 DM
Kopenhagen	13.00 / 19.10	13.55 / 20.10	460 DM / 808 DM
[Bus]			
Lübeck	6.25 / 13.10	8.53 / 15.38	14 DM / 27 DM
Mölln	8.15 / 10.30	9.25 / 11.32	12 DM / 23 DM
Undeloh	9.05	10.17	11 DM / 16 DM
[Schiff]			
Helgoland	ab St. Pauli Landungsbrücken: 7.00 ab Cuxhaven: 10.30	12.30	70 DM

Tourismus-Zentrale: Ausflüge

1. Husum

Kleinstadt mit 20.000 Einwohnern, 130 km nordwestlich von Hamburg, an der Nordseeküste gelegen. Geburts- und Wohnort des Dichters Theodor Storm mit Storm-Museum. Im Schlosspark jedes Frühjahr die berühmte Krokusblüte.
Anfahrt: Bahn ab Hamburg-Altona.

2. Helgoland

Insel in der Nordsee mit 2.000 Einwohnern, Badetourismus, Aquarium, Meerwasserschwimmbad, hohe Klippenfelsen mit Tausenden von Seevögeln. Am Hafen das Denkmal für August Heinrich Hoffmann von Fallersleben, der 1841 hier das Deutschlandlied schrieb.
Anreise: Schiff ab Hamburg-St. Pauli Landungsbrücken oder
          Bahn bis Cuxhaven, Schiff ab Cuxhaven.

3. Lübeck

Alte Hansestadt an der Ostsee mit 215.000 Einwohnern. 60 km nordöstlich von Hamburg. Mittelalterlicher Stadtkern mit interessanten gotischen Backsteinkirchen. Geburtsstadt von Thomas Mann („Die Buddenbrooks") mit Buddenbrookhaus. Berühmt ist das Lübecker Marzipan.
Anfahrt: Bahn ab Hamburg Hauptbahnhof oder
          Bus ab S-Bahnhof Bergedorf.

4. Mölln

Kleinstadt mit 16.500 Einwohnern, 40 km östlich von Hamburg gelegen. Marktplatz mit Fachwerkhäusern und mittelalterliches Rathaus. Bekannt als Eulenspiegelstadt. Hier soll 1350 der Schalk Till Eulenspiegel gestorben sein. Heimatmuseum mit Sammlung über Till Eulenspiegel.
Anfahrt: Bus ab S-Bahnhof Bergedorf oder
          Bahn ab Hamburg Hauptbahnhof mit Umsteigen in Lübeck.

5. Lüneburger Heide

Wunderschönes Wandergebiet 40 km südlich von Hamburg, 30 km westlich von Lüneburg gelegen. Ursprünglich bewaldet, bekam im Mittelalter durch Rodung seinen Heidecharakter. Im Sommer Erikablüte. Erster deutscher Naturpark, Wilseder Berg (169 m).
Anfahrt: Bus ab ZOB (Zentraler Omnibusbahnhof) Hamburg nach Undeloh.

Tourismus-Zentrale: Veranstaltungen und Sehenswürdigkeiten

Museen			
Hamburger Kunsthalle	**Hamburgisches Museum für Völkerkunde**	**Museum für Hamburgische Geschichte**	**Museum der Elektrizität**
Täglich 10–18 Uhr Do 10–21 Uhr Mo geschlossen	Täglich 10–18 Uhr Do 10–21 Uhr Mo geschlossen	Di–Sa 10–17 Uhr So 10–18 Uhr Mo geschlossen	Di–So 9–17 Uhr Mo geschlossen

Musik

Klassik	**Staatsoper** Große Theaterstraße 35	
	Richard Wagner „Der fliegende Holländer"	Mo, Do, So 19.00
	W. A. Mozart „Die Hochzeit des Figaro"	Mi, Sa 19.00
	Giacomo Puccini „Madame Butterfly"	Fr 19.30
Jazz	**Musikhalle** Karl-Muck-Platz	
	Glenn Miller Orchestra	Do 20.00
	Cotton-Club Alter Steinweg 10	
	Jazz Jokers	Mi 20.30
Rock	**Fabrik** Barnerstraße 36	
	Don Byron Group	Di 21.00
	Markthalle Klosterwall 9–21	
	Anthrax	Do 21.00
Musicals	**Operettenhaus** Spielbudenplatz 1	
	Andrew Lloyd Webber „Cats"	Tägl. 20 Uhr Sa u. So auch 15 Uhr Mo keine Vorstellung
	Neue Flora Ecke Alsenstraße / Stresemannstraße	
	Andrew Lloyd Webber „Das Phantom der Oper"	Tägl. 20 Uhr Sa u. So auch 15 Uhr Mo keine Vorstellung
	Neue Metropol, Musical Theater Norderelbstraße 6	
	Alan Janes „Buddy – Die Buddy-Holly-Story"	Di - Do 20 Uhr Fr 17 u. 21 Uhr Sa 15.30 u. 20 Uhr So 15.30 Mo keine Vorstellung

Tiere und Planzen	**Tierpark Carl Hagenbeck** Hamburg Stellingen, U2-Station Hagenbecks Tierpark	Winter 9–16 Uhr Sommer 9–18 Uhr
	Alter Botanischer Garten In der Parkanlage *Planten Un Blomen* Schaugewächshaus	Tägl. 9–12 Uhr 12.45–15.45 (Nov–Feb) 12.45–16.45 (März–Okt) Sa/So 10–17.45
	Neuer Botanischer Garten Ohnhorststraße 18	Tägl. 9 Uhr bis 1 Stunde vor Sonnenuntergang (längstens bis 20 Uhr)

Ernst / Ernestine Underberg

Sie sind Kriminalkommissar/in. Sie sitzen in einem Flugzeug von Frankfurt nach Mexico-City. Sie sitzen dort, weil man Sie informiert hat, dass ein Terrorist an Bord ist, der das Flugzeug entführen will. Der Terrorist kann natürlich auch eine Frau sein.

Nach Ihren Informationen sitzt der Terrorist in Ihrer Reihe. Einer von den beiden anderen ist der Terrorist. Sie müssen nun im Gespräch herausfinden, wer.

Aber seien Sie vorsichtig, wenn Ihnen Ihr Leben lieb ist! Der Terrorist oder die Terroristin ist natürlich bewaffnet, und deshalb sagen Sie auf keinen Fall, was Ihr Beruf und Ihre Aufgabe ist!

Wenn Sie sicher sind, wer der Terrorist oder die Terroristin ist, verhaften Sie ihn oder sie! Sie müssen sich entscheiden, Sie haben nicht viel Zeit!

Paul / Susanne Gerber

Sie sind Kosmetikspezialist/in bei einer großen Firma. Sie sitzen in einem Flugzeug von Frankfurt nach Mexico-City. Sie wollen dort Urlaub machen.

Neben Ihnen sitzen zwei sympathische Herren/Damen. Sie unterhalten sich mit den beiden. Sie erzählen von Ihrer Familie und wollen natürlich auch alles über die Familien der beiden anderen wissen.

Sie sprechen und fragen sehr viel, aber Sie haben keine Lust, in die Flugzeugbar zu gehen.

Rüdiger / Emma Gronewald

Sie sind Chirurg/in. Sie sitzen in einem Flugzeug von Frankfurt nach Mexico-City. Neben Ihnen sitzen eine reizende junge Dame bzw. ein junger Herr und ein Herr / eine Dame, den/die Sie irgendwo schon einmal gesehen haben.

Woher kennen Sie dieses Gesicht: aus dem Fernsehen? aus der Zeitung? aus dem Kino? vom letzten Chirurgen-Kongress in Paris? Sie versuchen herauszufinden, woher Sie die Person kennen.

Sie interessieren sich sehr für Gehirn-Transplantationen. Weil Sie diese langen Flüge langweilig finden, unterhalten Sie sich mit den beiden Nachbarn über verschiedene Themen.

Sie versuchen, beide kennenzulernen. Über Ihre Familie wollen Sie auf keinen Fall sprechen, weil es da nur Probleme gibt. Das sagen Sie aber nicht!

Später laden Sie die beiden in die Flugzeugbar ein.

Lehrerversion

Marlene Dietrich wurde am 27. Dezember 1901 in Berlin geboren. Ihr Vater war Polizeileutnant, ihre Mutter entstammte einer bekannten Uhren-Fabrikantenfamilie. Kurz nach der Geburt zog ihre Familie nach Weimar um. Als Marlene zehn Jahre alt war, starb ihr Vater. Die Familie kehrte nach Berlin zurück. Dort heiratete die Mutter einen Offizier, der im Ersten Weltkrieg fiel. An einem Berliner Gymnasium legte Marlene 1918 ihr Abitur ab. In den folgenden drei Jahren studierte sie Musik in Weimar, brach das Studium jedoch vorzeitig ab. An der Schauspielschule wurde sie abgelehnt. Im Hamburger Operettenhaus hatte sie ihren ersten Auftritt als Revuegirl und kurz darauf erhielt sie auch endlich eine Zulassung zum Schauspielunterricht. Erste Filmrollen folgten. Im Mai 1924 heiratete sie Rudolf, einen Produktionsassistenten, mit dem sie im Jahr darauf ihre Tochter Maria bekam. Nach kurzer Pause drehte sie weitere Filme und machte ihre ersten Schallplattenaufnahmen.

In einer Revue sah 1929 der Regisseur Josef von Sternberg Marlene und bot ihr die weibliche Hauptrolle in seinem Film *Der blaue Engel* an. Marlene spielte die Rolle der Lola-Lola und sang ihr noch heute berühmtes Lied „Ich bin von Kopf bis Fuß auf Liebe eingestellt". Nach dem Erfolg dieses Films ging sie zusammen mit Josef von Sternberg nach Hollywood. Dort produzierten sie in den folgenden fünf Jahren eine Reihe von Filmen, die allesamt Erfolge wurden, wie *Herz in Flammen* (1930), *Entehrt* (1931), *Shanghai-Express* (1932), *Blonde Venus* (1932), *Die große Zarin* (1934) und *Der Teufel ist eine Frau* (1935). Dann trennten sich Marlene und Josef von Sternberg. Für ihre Rolle in dem Film *Der Garten Allahs* erhielt sie die höchste Gage, die bis dahin je gezahlt worden war: 200.000 Dollar. Seit 1933 regierten in Deutschland die Nationalsozialisten, und Marlene lehnte es ab, unter diesen Umständen nach Deutschland zurückzukehren. 1937 nahm sie die amerikanische Staatsbürgerschaft an. Im Zweiten Weltkrieg betreute sie ab 1943 alliierte Truppen. Sie schlug Angebote der Nationalsozialisten aus, nach Deutschland zurückzukommen, betätigte sich als konsequente Antifaschistin, half jüdischen Emigranten und bekam dafür von der amerikanischen Frontkämpfervereinigung eine Medaille verliehen. Ihre während der Kriegszeit gedrehten Filme waren nicht so erfolgreich wie die früheren Filme, jedoch gelang ihr 1948 wieder ein großer Erfolg mit Billy Wilders Komödie *A Foreign Affair*.

Im Jahr 1953 begann ihre zweite Karriere. Sie trat fortan als Diseuse, als Vortragskünstlerin, auf und begeisterte ihr Publikum in Las Vegas, London und New York. Die Welt feierte einen neuen Star, und Kritiker bezeichneten sie als „Primadonna der Diseusen". Im Mai 1960 kam sie zu einigen Auftritten auch erstmals wieder nach Deutschland, aber ihr Verhältnis zu ihrer Heimat blieb gespannt. Konnte man Marlene Dietrich bislang nur auf der Bühne oder im Kino bewundern – Ende der fünfziger Jahre fand sie mehrfach auch zum Film zurück –, so stand sie 1973 erstmals in einer Show vor Fernsehkameras. Drei Jahre später sendete das Zweite Deutsche Fernsehen diese Show. 1975 erlitt Marlene bei einem Theaterauftritt in Australien einen Oberschenkelhalsbruch. Dieser Unfall bedeutete das Ende ihrer Bühnenlaufbahn. Marlene nahm noch einmal eine kurze Filmrolle an, brach sich 1979 erneut das Bein, zog sich dann vollkommen aus der Öffentlichkeit zurück und lebte in Paris. Sie verweigerte Journalisten sämtliche Foto- und Interviewwünsche und war erst 1984 in dem Dokumentarfilm *Marlene* wieder zu hören. 1988 sprach sie zwei Texte auf Udo Lindenbergs LP *Hermine*. Das letzte Interview mit ihr erschien 1991 im *SPIEGEL*. Am 6. Mai 1992 starb Marlene Dietrich in Paris.

1901 Marlene Dietrich <u>wird</u> am 27. Dezember 1901 in Berlin geboren. Ihr Vater <u>ist</u> Polizeileutnant, ihre Mutter <u>entstammt</u> einer bekannten Uhren-Fabrikantenfamilie. Kurz nach der Geburt <u>zieht</u> ihre Familie nach Weimar <u>um</u>. Als Marlene zehn Jahre alt <u>ist</u>, <u>stirbt</u> ihr Vater. Die Familie <u>kehrt</u> nach Berlin <u>zurück</u>. Dort <u>heiratet</u> die

1918 Mutter einen Offizier, der im Ersten Weltkrieg <u>fällt</u>. An einem Berliner Gymnasium <u>legt</u> Marlene 1918 ihr Abitur <u>ab</u>. In den folgenden drei Jahren <u>studiert</u> sie Musik in Weimar, <u>bricht</u> das Studium jedoch vorzeitig <u>ab</u>. An der Schauspielschule <u>wird</u> sie abgelehnt. Im Hamburger Operettenhaus <u>hat</u> sie ihren ersten Auftritt als Revuegirl und kurz darauf <u>erhält</u> sie auch endlich eine Zulassung zum Schauspielunterricht. Erste Film-

1924 rollen <u>folgen</u>. Im Mai 1924 <u>heiratet</u> sie Rudolf, einen Produktionsassistenten, mit dem sie im Jahr darauf ihre Tochter Maria <u>bekommt</u>. Nach kurzer Pause <u>dreht</u> sie weitere Filme und <u>macht</u> ihre ersten Schallplattenaufnahmen.

1929

1937

1948

1953

1973

1979

1984

1988

1991

1992

1901

1918

1924

1929 In einer Revue <u>sieht</u> 1929 der Regisseur Josef von Sternberg Marlene und <u>bietet</u> ihr die weibliche Hauptrolle in seinem Film *Der blaue Engel* <u>an</u>. Marlene <u>spielt</u> die Rolle der Lola-Lola und <u>singt</u> ihr noch heute berühmtes Lied „Ich bin von Kopf bis Fuß auf Liebe eingestellt". Nach dem Erfolg dieses Films <u>geht</u> sie zusammen mit Josef von Sternberg nach Hollywood. Dort <u>produzieren</u> sie in den folgenden fünf Jahren eine Reihe von Filmen, die allesamt Erfolge <u>werden</u>, wie *Herz in Flammen* (1930), *Entehrt* (1931), *Shanghai-Express* (1932), *Blonde Venus* (1932), *Die große Zarin* (1934) und *Der Teufel ist eine Frau* (1935). Dann <u>trennen</u> sich Marlene und Josef von Sternberg. Für ihre Rolle im Film *Der Garten Allahs* <u>erhält</u> sie die höchste Gage, die bis dahin je gezahlt worden <u>ist</u>: 200.000 Dollar. Seit 1933 <u>regieren</u> in Deutschland die Nationalsozialisten, und Marlene <u>lehnt</u> es <u>ab</u>, unter diesen Umständen nach Deutschland
1937 zurückzukehren. 1937 <u>nimmt</u> sie die amerikanische Staatsbürgerschaft <u>an</u>. Im Zweiten Weltkrieg <u>betreut</u> sie ab 1943 alliierte Truppen. Sie <u>schlägt</u> Angebote der Nationalsozialisten <u>aus</u>, nach Deutschland zurückzukommen, <u>betätigt</u> sich als konsequente Antifaschistin, <u>hilft</u> jüdischen Emigranten und <u>bekommt</u> dafür von der amerikanischen Frontkämpfervereinigung eine Medaille verliehen. Ihre während der Kriegszeit gedreh-
1948 ten Filme <u>sind</u> nicht so erfolgreich wie die früheren Filme, jedoch <u>gelingt</u> ihr 1948 wieder ein großer Erfolg mit Billy Wilders Komödie *A Foreign Affair*.

1953

1973

1979

1984

1988

1991

1992

1901

1918

1924

1929

1937

1948

1953 Im Jahr 1953 <u>beginnt</u> ihre zweite Karriere. Sie <u>tritt</u> fortan als Diseuse, als Vortragskünstlerin, <u>auf</u> und <u>begeis</u><u>tert</u> ihr Publikum in Las Vegas, London und New York. Die Welt <u>feiert</u> einen neuen Star, und Kritiker <u>bezeichnen</u> sie als „Primadonna der Diseusen". Im Mai 1960 <u>kommt</u> sie zu einigen Auftritten auch erstmals wieder nach Deutschland, aber ihr Verhältnis zu ihrer Heimat <u>bleibt</u> gespannt. <u>Kann</u> man Marlene Dietrich bislang nur auf der Bühne oder im Kino bewundern – Ende der fünfziger Jahre <u>findet</u> sie mehrfach auch

1973 zum Film <u>zurück</u> – so <u>steht</u> sie 1973 erstmals in einer Show vor Fernsehkameras. Drei Jahre später <u>sendet</u> das Zweite Deutsche Fernsehen diese Show. 1975 <u>erleidet</u> Marlene bei einem Theaterauftritt in Australien einen Oberschenkelhalsbruch. Dieser Unfall <u>bedeutet</u> das Ende ihrer Bühnenlaufbahn. Marlene <u>nimmt</u> noch

1979 einmal eine kurze Filmrolle <u>an,</u> <u>bricht</u> sich 1979 erneut das Bein, <u>zieht</u> sich dann vollkommen aus der Öffentlichkeit <u>zurück</u> und <u>lebt</u> in Paris. Sie <u>verweigert</u> Journalisten sämtliche Foto- und Interviewwünsche

1984 und <u>ist</u> erst 1984 in dem Dokumentarfilm „Marlene" wieder zu hören.

1988 1988 <u>spricht</u> sie zwei Texte auf Udo Lindenbergs LP *Hermine*.

1991 Das letzte Interview mit ihr <u>erscheint</u> 1991 im SPIEGEL.

1992 Am 6. Mai 1992 <u>stirbt</u> Marlene Dietrich in Paris.

der Kerker
die Prinzessin
der Drache
der Riese

der Kobold
der Fisch
der Geist aus der Lampe
der Schatz

der Wolf
die Hexe
die Burg
der Zauberwald

der Frosch
die Nixe
der Zauberer
die Insel

das Schiff
das fliegende Pferd
der Prinz
die Fee

der Spiegel
die Zwerge
die Kutsche
der Zaubertrank

Wechselspiel

Sprechanlässe für die Partnerarbeit im kommunikativen Deutschunterricht
Arbeitsblätter für Anfänger und Fortgeschrittene
M. Dreke, W. Lind
160 S., 21 x 28 cm, ISBN 3-468-49994-9

A tu per tu

Attività comunicative per principianti ed avanzati
M. Dreke, W. Lind, F. Modica, G. Valenti
112 S., 21 x 28 cm, ISBN 3-468-49997-3

Deux à deux

Situations et intentions communicatives pour la pratique de dialogues
Débutants et niveau avancé
M. Dreke, W. Lind, D. Mahnert
128 S., 21 x 28 cm, ISBN 3-468-49996-5

Español en pareja

Estímulos para hablar en la clase de español comunicativa
Hojas de trabajo para principiantes y avanzados
M. Dreke, W. Lind, M. Schlubach-Rüping
136 S., 21 x 28 cm, ISBN 3-468-49998-1

Face to face

Speaking activities for beginners and advanced students
G. Avard, M. Dreke, W. Lind, A. O'Toole
159 S., 21 x 28 cm, ISBN 3-468-49999-X

Geeignet als Kopiervorlagen für die Hand des Lehrers.

Langenscheidt **L**
...weil Sprachen verbinden
Postf. 40 11 20 · 80711 München · Tel. 0 89/360 96-0